PAIXÃO E LOUCURA NOS LIMITES DA CLÍNICA PSICANALÍTICA

Blucher

PAIXÃO E LOUCURA NOS LIMITES DA CLÍNICA PSICANALÍTICA

Berta Hoffmann Azevedo

Paixão e loucura nos limites da clínica psicanalítica

Publisher Edgard Blücher
Editor Eduardo Blücher
Coordenação editorial Rafael Fulanetti
Coordenação de produção Ana Cristina Garcia
Preparação de texto Regiane Miyashiro
Diagramação e revisão Know-how Editorial
Capa Juliana Midori Horie
Imagem da capa "The Evil Mothers", de Giovanni Segantini

Blucher

Rua Pedroso Alvarenga, 1245, 4º andar
04531-934 – São Paulo – SP – Brasil
Tel.: 55 11 3078-5366
contato@blucher.com.br
www.blucher.com.br

Segundo o Novo Acordo Ortográfico, conforme 6. ed. do *Vocabulário Ortográfico da Língua Portuguesa*, Academia Brasileira de Letras, julho de 2021.

Dados Internacionais de Catalogação na Publicação (CIP)
Heytor Diniz Teixeira, CRB-8/10570

Azevedo, Berta Hoffmann
Paixão e loucura nos limites da clínica psicanalítica / Berta Hoffmann Azevedo. – São Paulo : Blucher, 2025.

232 p.

Bibliografia
ISBN 978-85-212-2616-1 (Impresso)

1. Psicanálise. 2. Clínica psicanalítica. I. Título.

CDU 159.964.2

Índice para catálogo sistemático:
1. Psicanálise

Para Leandro, Lucas e Lara,
que acordam e acalmam
minhas paixões.

Conteúdo

Prefácio – A convocação para o descabível 9

Daniel Delouya

Apresentação – Psicanálise, esse ofício apaixonante 17

Juliana Lang Lima

Introdução 21

1. Paixão e loucura nos limites da clínica psicanalítica 31

2. Sobre os benefícios clínicos de diferenciar loucura e psicose 47

3. Paixão e sofrimento: quando o objeto de desejo se transforma em objeto de necessidade 69

4. A captura no circuito da dor: um desafio clínico 81

5. Quando o brinquedo não brinca: há futuro para a desilusão? 97

6. O Eu e seus abalos sísmicos: contribuições contemporâneas à teoria do trauma 117

7. Do solavanco à despersonalização: a falha de reconhecimento 135

8. Decameron: faces da desobjetalização e o relançar de laços 155

9. Hiperconectividade e autocancelamento:
o Eu em tempos de excesso 171

10. Do silêncio ao testemunho: a recuperação do traumático
em *Édipo Rei* como modelo clínico em Psicanálise 185

11. Por uma Psicanálise com sexualidade, ainda 199

12. Por que ainda ler Freud? 221

Prefácio

A convocação para o descabível

Daniel Delouya

"Este livro é fruto de uma necessidade", anuncia a autora na primeira página desta bela obra. Impelida "sob o imperativo da clínica", viu-se levada a buscar subsídios outros, distintos daqueles que até então estavam à sua disposição e que pertenciam ao regime das representações. Se, no início da Psicanálise, a análise se orientava pelas associações de cenas, com o intuito de liberar o afeto estrangulado no sintoma, desta vez é numa direção quase oposta que caminha a analista. Tomada pelo afeto, pelo tumulto em que a cena analítica a insere, entrega-se – nessa representação irrepresentável de si mesma – às correntes da vivência, por meio das quais atinge uma noção da cena traumática.

Assim, uma paciente transforma a sala de análise num cenário de guerra, em que brinquedos explodem no ar, e a analista se percebe atônita, perdida, podendo apenas recolher os cacos. Em certo momento, a paciente convida a analista a fechar os olhos e a envolve – a aprisiona – com um novelo de lã. A maciez corporal que Berta experimenta permite-lhe compreender o estado de carne viva em que a paciente se encontrava diante da presença intolerável e invasiva da analista e dos outros. Trata-se do afeto em direção à representação, e não da liberação do afeto por meio dela.

São os destinos das paixões - despertadas ou irrompendo no corpo do analista - que merecem atenção. Os prelúdios dessa intuição já estavam esboçados em sua primeira obra, *Crise pseudoepiléptica* (Casa do Psicólogo, 2011), na qual ela se deparou com as paixões e a loucura histéricas, disfarçadas sob diagnósticos médicos de epilepsia. Naquele estágio, nossa jovem analista ainda não havia se dado conta, de modo suficiente, da via de acesso proporcionada pelos afetos que a atravessavam: ela era uma espectadora sensível às manifestações das loucuras neuróticas, buscando nelas caminhos para a intervenção clínica.

Não obstante, já nesse primeiro momento, atribuiu importância clínica primordial ao inquietante, *infamiliar*, ao incômodo (Freud, 1919) - mais na vertente do retorno do recalcado, do que como distorção do Eu, perda de limites e confusão com o outro. Na obra que o leitor tem agora em mãos, a clínica é, indubitavelmente, das paixões. Os afetos, como o próprio nome indica, têm origem na dor e na passividade diante de forças internas e externas, constituindo-se como *chaves* da alma (Freud, *Projeto de uma psicologia*, 1895).

Nesse sentido, trata-se não apenas da afetação provocada pela violência pulsional e pela alteridade - e de sua interpretação -, mas, sobretudo, do trabalho do negativo, essencial na lida possível com esses afetos, no contexto da apropriação da vida psíquica e de suas vias de cura. Se o ponto de partida da analista é a imersão na cena à qual o paciente a convoca - uma vez que esta se inscreve, sempre, no regime da ação (Pontalis, sobre a transferência) -, os instrumentos que ela mobiliza para alcançar as representações e delas fazer uso baseiam-se numa abordagem contemporânea.

Além de leitora incansável da obra de Freud, Berta encontrou no pensamento de André Green o eixo principal de apoio à sua clínica. Mas não apenas nele: Joyce McDougall, Piera Aulagnier, Julia

Kristeva, Jean Laplanche, Jean B. Pontalis, Jacques André, entre outros mais clássicos como Lacan, Bion e Winnicott são ampla e profundamente utilizados em sua abordagem. Ela também recorre a obras filosóficas e literárias, clássicas e contemporâneas.

Entretanto, no compromisso permanente com sua clínica e na reflexão sobre esta, com o auxílio dessa junta ("médica") de autores, ela jamais relaxa: sabe, como Clarice Lispector, que é preciso confrontar-se com a perda de sua própria "montagem humana", lidar com aquilo que o corpo não consegue conter e enfrentar a desilusão: "eu havia humanizado demais a vida".

No fundo, Berta se lança, subterraneamente, no projeto de Clarice: "O resto foi o modo como, pouco a pouco, transformei-me na pessoa que carrega o meu nome. E, no fim das contas, tornei-me o meu nome. Basta olhar nas iniciais GH – e eis que sou eu". Clarice logo declara, na continuidade desse trecho: "a psicologia nunca me interessou, sou impaciente a esse modo de invasão da alma, e já na adolescência desvencilhei-me do estágio psicológico". E Berta o faz também, já na vida adulta de psicanalista.

Entretanto, para Berta, esse ***G****ênero* ***H****umano* a obriga a encontrá-lo na *loucura* de cada um – analista e paciente – tal como ele comparece entre os dois, e a levar o par, como em Clarice, a admitir: "eis que sou eu". Será?

Então, afeto, paixão, pulsão, dor, sexualidade, trauma, loucura do Eu – e tanto mais...!

Vou apontar brevemente algumas linhas de desenvolvimento desta obra. Ela trata, em primeiro lugar, da luta entre as forças com as quais o Eu precisa lidar: uma delas, primordial, é o sexual, da sexualidade infantil. Trata-se de uma passivação que obriga o Eu, ao mesmo tempo, a evitar a ruptura de seus limites – seja com o acervo do recalcado, seja com sua contrapartida, a realidade e os outros.

Freud já havia mostrado, em 1924, que, diante dessa situação, o Eu tenta evitar rupturas "ao deformar-se, permitir danos à sua unidade, eventualmente até se dividir ou fragmentar. Assim, as incoerências, excentricidades e loucuras dos homens se manifestam..." (*Neurose e psicose*).

Eis a loucura que Berta delimita nas vinhetas clínicas tão elucidativas, nas quais nos mostra como a dor – e a loucura com que o paciente age ou da qual tenta se defender – decorre de um trabalho mal-acabado com os objetos de origem. A dificuldade em lidar com a cena primária, da qual o sujeito é obrigado a se ausentar, define a loucura de cada um, pois constitui *uma situação paradigmática* do enlouquecimento.

O destino das paixões que ali emergem depende da provisão amorosa do objeto primário – sedução e tradução/interpretação – ou seja, da estrutura enquadrante da qual esse objeto se encarrega. Se essa estrutura for bem-sucedida, o sujeito será capaz de elaborar, em sua fantasia, os desafios da separação na cena primária. Caso contrário, se o objeto primário falhar em algum grau, a ponto de o sujeito não conseguir "apagá-lo" para abrir caminho aos objetos do mundo, ele permanecerá aprisionado pela demanda inerente a uma loucura pessoal do objeto de origem – isto é, pelo narcisismo dos pais, meio pelo qual a vida lhe foi ofertada. Essa demanda o aprisionará nas mordaças agonizantes das expectativas passionais e das dores que elas implicam.

As modalidades desse aprisionamento se estendem ao longo de um vasto espectro, formando um amplo portfólio clínico: desde as formas adictivas e hipocondríacas, nas quais o objeto, devido a suas próprias carências, não consegue modular distância e proximidade, passando por formas perversas e atuações-limite, até modalidades negativas em que o sujeito está menos preso a um objeto do que à sua ausência. Nesse caso, ele investe nos rastros do desaparecimento do objeto, tornando-se até "branco", refém de um luto insone, vazio, impossível.

Nesse portfólio, as diversas modalidades do traumatismo, tal como se manifestam nas demandas por terapia, são abordadas em vários capítulos deste fascinante livro.

Quero destacar aqui dois aspectos que, a meu ver, são novos e para os quais Berta nos chama atenção: o primeiro é que, nesse cenário das falências da provisão do objeto primário, a passagem do regime da necessidade para o do desejo falhou, o que abre margem para a atuação da modalidade do desespero e das aspirações de reclusão sob os auspícios da pulsão de morte. O segundo ponto que vale destacar são os benefícios que essa clínica traz ao distinguir configurações clínicas marcadas pela loucura das da psicose.

Na psicose, devido aos investimentos parcos por parte do objeto, há pouca libido represada no Eu, tornando-o frágil e precário. A consequência inicial, na eclosão da psicose, é um colapso hipocondríaco que leva a um estágio secundário de criação, a partir do esquema das fantasias originárias, de uma nova realidade inteiramente alucinada. A psicose se distingue da neurose pela ausência de uma reserva de ilusão à qual o neurótico recorre em suas fantasias e, por outro lado, distingue-se da clínica dos casos-limite, elaborada por Berta, por não dispor dos recursos das experiências inacabadas e parciais com os objetos primários. Esses últimos podem ser caracterizados, em termos gerais, como atuações de esperança que já reivindicam dos objetos, em seu desespero, a conclusão de um trabalho inacabado com o objeto primário. Nesse desenho, em que o Eu é o pivô da trama da loucura, Berta aventa imagens bastante estimulantes em relação ao Eu. Ao destacar os impasses na diferenciação do Eu, isto é, no estabelecimento de sua alteridade, ela transforma a visão do Eu como um terreno de um cemitério de investimentos de objetos abandonados (Freud, 1923: *O Eu e o Id*) e acrescenta-lhe os resíduos econômicos de fundo que Freud preconiza, mas não os integra ao desenho do Eu. Assim, esse terreno aparente se torna, à imagem da Terra, de placas tectônicas se movimentando dentro do magma (a economia) do Isso, prestes a gerar abalos sísmicos, as paixões e as loucuras, denunciando as carências de aculturação, do trabalho do objeto de origem.

A clínica é sempre a de uma loucura, porém a loucura dos casos-limite tem todo o poder de nos tornar, pela paixão, analistas. Já a clínica da psicose nos confronta com um terreno mais árduo.

Acredito que, nessas notas gerais, abarquei três aportes importantes deste livro: paixão e loucura nos limites da clínica; a paixão e as tramas traumáticas do aprisionamento na necessidade; e a benéfica diferenciação entre loucura e psicose.

Entretanto, dentro desse amplo espectro da clínica, que é das paixões, Berta tem produzido trabalhos impressionantes desde o início da pandemia, que se concentram em um ou outro aspecto do esquema que lancei acima: sobre o circuito da dor, sobre o trauma e, principalmente, sobre as veleidades do trabalho do negativo, seja na criação do amplo espectro dos fenômenos ligados ao *infamiliar* (inquietante, incômodo) – como retorno do recalcado, como embaralhamento dos limites entre o Eu e o outro e sua extensão na dessubjetivação (Green) e despersonalização (Freud) –, seja na objetalização e desobjetalização dos laços. O desenvolvimento e a ilustração clínica em cada capítulo são primorosos. Em todos eles, predomina o foco sobre o sexual em relação à pulsão de morte, e seus destinos nas paixões, seja em seu ruído positivo, seja em seu gélido retraimento.

Ademais, temas históricos sobre a cultura, assim como a loucura dos relacionamentos na era da hiperconectividade e seus palcos de autocancelamento, constituem extensão do pensamento acerca da negatividade e das paixões no cenário cultural, refletido no atendimento de jovens no limite das urgências clínicas.

Por fim, o livro nos brinda com o trabalho premiado, redigido há anos, intitulado "Por que ainda ler Freud?". Não vou adentrar nesse sensível texto sobre a clínica da leitura. Basta dizer que os doze textos que o precedem (incluo a *Introdução*) demonstram, com sua extensa e profunda articulação teórico-clínica, como Freud é convocado pela junta médica dos autores com os quais ela dialoga, para reforçar ainda mais o retorno a seus textos. Berta o faz trabalhar seus limites, ou seja, sua loucura peculiar, da qual conhecemos uma pequena parte. Freud, provocado pela Clarice no escrito de Berta, nos remete a essa convocação ao descabível da clínica, do corpo e suas pulsões. A loucura para a qual a autora nos desperta por meio dessa deliciosa e clara escritura coloca toda a responsabilidade e a paixão no exercício de nosso amado ofício. É de tirar o chapéu para essa nova estreia dessa arejante autora. Aproveitem!

Referências

Lispector, C. (1998). *A paixão segundo G. H.* Rocco.

Freud, S. (2010). O inquietante. In *Obras completas* (Vol. 14, pp. 328-377). Companhia das Letras. (Trabalho original publicado em 1919)

Freud, S. (2011). O Eu e o Id. In *Obras completas* (Vol. 16, pp. 13-59). Companhia das Letras. (Trabalho original publicado em 1923)

Freud, S. (2011). Neurose e psicose. In *Obras completas* (Vol. 16, pp. 176-183). Companhia das Letras. (Trabalho original publicado em 1924)

Freud, S. (2025). O projeto de uma psicologia. In *Obras completas* (Vol. 1, pp. 202-321). Companhia das Letras. (Trabalho original publicado em 1950 [1895])

Apresentação

Psicanálise, esse ofício apaixonante

Juliana Lang Lima[1]

A faísca da loucura é uma partícula que fascina o humano desde que o mundo é mundo. Não à toa, muitas são as produções artísticas que se propõem a mergulhar nesse universo, e durante séculos aqueles que desviaram da norma foram considerados enigmáticos, assombrosos e, até mesmo, perigosos, como se pudessem espalhar a peste por onde passassem.

Com o avanço da ciência e da luta antimanicomial, a loucura foi saindo do armário e as questões de saúde mental ganharam maior atenção e circulação a ponto de vivermos, hoje, um momento diferenciado, com expansão de diagnósticos psiquiátricos que, por vezes, são exibidos com alívio e, até mesmo, orgulho. Com efeito, aquilo que já ficou relegado ao silêncio e ao esconderijo, hoje ganha tonalidades menos privadas. É nesse contexto que vem a público o livro de Berta Hoffmann Azevedo, uma coletânea de ensaios sobre o tema da paixão e da loucura, mas não só.

1 Psicanalista. Membro titular da Sociedade Brasileira de Psicanálise de Porto Alegre e membro pleno do Centro de Estudos Psicanalíticos de Porto Alegre. Publicou os livros *A analista grávida* (2020), *Tempos maternos* (2022), *Transmissões do feminino* (2024) e *Dinheiro: manejo e tabus na clínica psicanalítica* (2025).

Ao longo de 12 capítulos, a autora ocupa-se tanto de uma diferenciação clínica entre loucura e psicose como da loucura nossa de cada dia, simbolizada nas paixões que libidinizam a existência e, por vezes, atravessam o *setting* analítico, em formato mais extremo. Ao melhor estilo freudiano, a psicanalista se utiliza de farta literatura para compor seus textos e, assim, encontramos referências a clássicos como Franz Kafka, George Bataille, Hermann Melville, Machado de Assis e Roland Barthes, mas também a escritoras contemporâneas como Annie Ernaux, Grada Kilomba, Nastassja Martin e Rosa Montero, o que dá o tom predominante do livro: uma cuidadosa costura entre tradição e inovação.

Contudo, ainda que sua obra busque inspiração na arte, afinal, Berta Hoffmann Azevedo divide com o leitor imagens mentais apoiadas em filmes, séries, músicas, por meio de um acervo particular rico que vai desde a relação entre Frida Kahlo e Diego Rivera à série sul-coreana Round 6, é prudente lembrar que este é um livro que parte da clínica e direciona-se aos clínicos. A escrita que aqui toma forma de livro nasceu fragmentada, fruto de uma necessidade, como argumenta a autora na introdução. Assim, todo o arcabouço teórico meticulosamente articulado entre psicanalistas como Freud, André Green, Joyce McDougall, Pontalis, Piera Aulagnier e Laplanche é uma tentativa de dar contornos a experiências intensas, que colocam o analista no limite de suas possibilidades teóricas.

Por se tratar de uma elaboração que tem origem nas exigências da prática psicanalítica, é notável que carregue a marca da falta, uma vez que a autora não teme se mostrar como alguém impelido a pesquisar e estudar para sustentar os desafios de uma clínica do século XXI. Desse processo, surge um trabalho profundamente original, no qual transparece uma analista criativa, sem medo de ser inventiva e de compartilhar com o leitor seus pensamentos, suas dúvidas e, também, as intervenções que utiliza em situações disruptivas, que evidenciam vestígios de traumas precoces nos sujeitos em análise.

Ciente de que a clínica é soberana e está sempre disposta a tensionar nossas teorias, essa produção não foge à tarefa de compreender que as configurações contemporâneas solicitam certo ajuste no olhar, de maneira a considerar novas formas de subjetivação, advindas de uma época em que a tecnologia adentrou os lares e as existências. Assim, por meio de reflexões acerca da pandemia e de sua exigência de reclusão, em situações de automutilação, despersonalização, ideação suicida e tantas outras vivências de dor, todos os caminhos conduzidos pela autora nos levam à sexualidade como norteador, seja em sua presença, seja na suposta ausência.

Para enriquecer a experiência de leitura, somos brindados com relatos de uma analista que se senta no chão para desenhar algo que uma analisante adolescente não compreende por meio de palavras, que divide com outra analisanda um devaneio, com o adendo de que tal hipótese imagética poderia parecer uma loucura, que não teme se queimar com o fogo da paixão transferencial. Aliás, fica evidente no texto que se segue o enlace entre coragem e rigor metodológico, algo que permite à analista ousar sem estremecer o setting.

Freud citava Schiller para afirmar que a fome e o amor movem o mundo; André Green se perguntava por onde anda a sexualidade entre os psicanalistas; e Berta Hoffmann Azevedo reforça que o sexual ainda tem, e sempre terá, muito a ver com Psicanálise. Publicações como esta que o leitor tem em mãos nos lembram que é erotizando a relação com nossa jovem ciência que a manteremos viva, pulsante e atual. De preferência, com a força de uma paixão.

Introdução

> *A barata e eu somos infernalmente livres porque a nossa matéria viva é maior que nós, somos infernalmente livres porque minha própria vida é tão pouco cabível dentro de meu corpo que não consigo usá-la... Sou tão maior do que aquilo que eu chamava de "eu" que, somente tendo a vida do mundo, eu me teria*
>
> *(Clarice Lispector, 1998)*

O frágil verniz civilizatório se desfez no instante em que a protagonista se deparou com a barata sob o olhar atônito do leitor de *A paixão segundo G. H.* A matéria viva, rastejando pela fresta do armário no quarto abandonado de Janair, funcionária recém-demitida, desestabilizou limites, diluindo as fronteiras entre a mulher e seu entorno. "Ontem perdi durante horas e horas a minha montagem humana" (p. 11), ela confessa. As distinções entre horror e fascínio se borraram, revelando o núcleo selvagem da pulsão e a frágil unidade do Eu. "Eu havia humanizado demais a vida" (p. 12), concluiu, de súbito, como uma epifania diante do asqueroso, pré-histórico e inesperado ser.

Consumida por uma curiosidade avassaladora, e no afã de alcançar o âmago do tal inseto, ela contemplou a massa branca que brotava do corpo esmagado da barata até devorá-la, fundindo-se com ela em momentânea comunhão, de bordas dissolvidas no ímpeto insaciável de tocar a substância primordial da vida.

A introdução que agora proponho tangencia a temática que se desenvolve ao longo das próximas páginas: a loucura do Eu tomado pelas paixões, o enamoramento apaixonado, as relações passionais, a paixão secreta da loucura privada, as defesas paradoxais, as psicoses. Como podemos pensar a relação entre esses diferentes termos? Por que isso interessa ao psicanalista contemporâneo?

Este livro é fruto da necessidade. Foi escrito sob o imperativo da clínica, que me orientou por caminhos que exigiam estudo. O manejo e a escuta demandavam ferramentas que me levaram a buscar autores de interlocução para compreender os movimentos dessimbolizantes que eu testemunhava na sala de análise e que, frequentemente, se tornavam obstáculos a seu progresso. Era preciso construir pontes para acessar sofrimentos capazes de congelar ou queimar.

Na clínica, a relação transferencial inevitavelmente é palco do encontro com entes perturbadores, objetos de atração e repulsa. Tal qual o súbito embate retratado na literatura clariciana, a relação analítica pode, ainda, revelar dinâmicas turbulentas e inclinações insuspeitas e chegar a transformar o analista na barata capturada em uma relação passional. Um rodeio pelo outro para uma aproximação com a matéria pulsional própria, que ganha formas ruidosas.

Freud (1915), em *Observações sobre o amor de transferência*, construiu a metáfora da linguiça presa na haste da corrida de cachorros, posicionada a uma distância tal que mantinha os animais em movimento. Uma vez que fosse atirada ao chão, todos os cães se lançariam sobre ela e a corrida seria deixada de lado. Assim também é na análise quando a transferência adquire qualidade passional. Nesse momento, o espaço metaforizante é esmagado e o que se passa na relação ganha prioridade, interessando mais que qualquer objetivo analítico. O teatro da sessão incendiado convoca o analista para o primeiro plano, impedindo-o de se manter a uma distância compatível com a atenção flutuante ou com a sustentação da *outra cena*. Essa modalidade transferencial exibe eloquentemente a força pulsional bruta por baixo da camada domesticada da vida e exige do psicanalista uma metabolização afetiva intensa.

O trabalho analítico que se move nos limites da analisabilidade, em territórios marcados por traumatismos primários, nos lança a refletir sobre modalidades pulsionais que envolvem uma travessia pela loucura privada e suas lógicas paradoxais, ideia presente nos diversos capítulos deste livro. Em cada um deles, o mesmo desafio mobiliza a busca de recursos teórico-clínicos: a constatação de que o objeto analítico, por vezes, conta com um intervalo demasiado estreito e sutil para se construir, especialmente sensível a abalos em sua sustentação.

O analista que se dispõe a trabalhar à beira do precipício se arrisca, sente ventos fortes que desestabilizam posições. No improviso do momento, ele precisa criar, deixar-se perder e encontrar-se. A contratransferência exigente faz o analista também sentir, chegar tão perto a ponto de se misturar e ameaçar as diferenciações mínimas entre um e outro, desejo e repulsa, silêncio e morte, proximidade e incesto. E o psicanalista, afetado, trata de encontrar meios de perlaborar sua afetação e transformá-la para continuar a ser analista.

A disposição de atravessar essa margem incerta – onde o controle é perdido, afloram afetações primitivas, e a linha entre a razão e a loucura não só é tênue como fluida e permeável – envolve reconhecer o potencial de ruptura da camada civilizatória que, uma vez construída, pode também ser desfeita. Afinal, é preciso reconhecer: somos seres afetados por paixões de vida e de morte.

A clínica do negativo nos apresenta diferentes modos de subjetivação e dessubjetivação que buscam inativar o traumático e estabilizar o narcisismo. Essas formas de expurgar o traumático e de manter bolsões de paixão incestuosa intocada pelo tempo fazem a escuta precisar se entregar a pensamentos loucos.

Na relação transferencial-limite, somos surpreendidos pelo desenrolar de uma loucura privada, silenciosa e feroz, em que o sujeito se vê cativo na mesma prisão em que tenta conter o objeto. Formas paradoxais frente ao problema de não poder perdê-lo, não conseguir livrar-se dele, mas tampouco se permitir ser tomado por sua presença invasiva. Nesse impasse, o embate persiste – intrapsíquica e intersubjetivamente – não para se libertar, mas para preservar, ainda que pela trilha do sofrimento, um traço de ligação.

Na clínica é possível descobrir, atônito, as muitas formas pelas quais o negativo se faz presente como única via para manter viva uma ligação com o objeto inelutável, traumático ao narcisismo. Num campo de resistência, o sujeito se agarra ao que resta, mesmo que esse resto seja apenas o conflito, o desgosto, a dor. O Eu, em parte aprisionado no vestígio rígido de um afeto retido, fechado na clausura em que se cola ao objeto, tenta desesperadamente impedir uma perda impossível. Confinado junto ao objeto, ele resiste à perda insuportável, sustentando um vínculo que se alimenta da própria ferida. Pois é justamente essa dor compartilhada que, de modo singular, ainda permite sentir-se vivo.

Se um psicanalista quiser acompanhar as lógicas do pensamento louco, estar acima da loucura não é uma opção; ele precisará caminhar a seu lado, recebê-la com hospitalidade clínica e disposição imaginativa. Mas como, então, aprender essa linguagem tão estranha e íntima?

Voltemos à Clarice, que coloca a personagem G. H. na sutil fronteira do que, neste livro, chamamos "loucura". A protagonista mergulha em uma experiência de padecimento e desconstrução do Eu em contato com a essência do que é humano – o desamparo, a pulsão, as defesas e, finalmente, a potência criativa que brota do confronto com o abismo, espaço onde as categorias perdem firmeza e nitidez. À semelhança do trabalho analítico, GH não afasta a loucura rápido demais, ela a atravessa.

O campo da afetação, das paixões, demanda uma escuta sensível à linguagem da pulsão, além de um exercício constante com lógicas que escapam ao pensamento ordinário. Os modelos teóricos tradicionais, concebidos para lidar com a neurose ou com a psicose, mostram-se insuficientes diante das situações clínicas-limite. Por conta disso, torna-se indispensável uma dedicada incursão pelas teorizações de autores que exploraram o funcionamento psíquico em registros paradoxais.

É nesse território que este livro busca oferecer sua contribuição. A partir das ameaças de naufrágio que rondam muitas análises, procura rastrear faróis teórico-clínicos capazes de orientar, de forma promissora, o pensamento clínico e sua prática, frente às poderosas clausuras sagradas. Por meio de vinhetas distribuídas ao longo dos capítulos, o livro se dedica a explorar os desafios da Psicanálise diante do sofrimento psíquico-limite. Trilha um percurso que alinhava perguntas clínicas com esboços de contribuições teóricas encontradas em Freud, em autores pós-freudianos e, também, nos teóricos da Psicanálise contemporânea.

No primeiro capítulo, "Paixão e loucura nos limites da clínica psicanalítica", a discussão parte da análise de Frida para abordar as aproximações entre paixão e loucura e o vínculo com a experiência primordial de indiscriminação e de transbordamento que toca a ambas. O texto destaca os efeitos das estratégias de inativação das vivências traumáticas primárias na clínica dos estados-limite, a partir de uma transferência passional desencadeada pelo impacto desorganizador de uma paixão amorosa que culminou em colapso narcísico. É justamente nesse ponto de ebulição transferencial – em que a loucura irrompe no campo analítico – que se desvela o núcleo do trabalho clínico nas muitas situações em que desejo e desamparo se entrelaçam.

O Capítulo 2, "Sobre os benefícios clínicos de diferenciar loucura e psicose", aborda as vantagens de manter uma distinção metapsicológica entre loucura, psicose e loucura privada, apontando suas implicações clínicas. Por meio de um resgate da dimensão inextirpável da loucura humana, somos levados a reconhecer os bolsões de loucura privada revelados nas transferências paradoxais, em que se condensam fantasias de fusão e promessas secretas de comunhão protegidas por modos limites do negativo.

O terceiro capítulo, "Paixão e sofrimento: quando o objeto de desejo se transforma em objeto de necessidade", aborda o fenômeno corriqueiro do apaixonamento que ganha contornos ameaçadores quando as fronteiras psíquicas estão estruturalmente ameaçadas. Por meio das vinhetas clínicas de Juan e Romeu e da literatura de *Os sofrimentos do jovem Werther*, de Goethe, acompanhamos o potencial de loucura que habita o cerne do erótico. A face trágica do erotismo é revelada ao transformar desejo em necessidade, e composições inusitadas entre Eros e as pulsões de destruições se revelam estratégias para estabilizar o narcisismo.

O Capítulo 4, "A captura no circuito da dor: um desafio clínico", propõe um modelo de escuta e manejo para situações em que o enquadre analítico se depara com a persistente tendência à fuga da dor. A partir do caso de Luna, o texto investiga quais condições analíticas podem sustentar um vínculo favorecedor do processo de elaboração na análise e de, ainda que de forma tênue, tornar suportável a tensão inevitável da existência psíquica.

É o que continua a se desdobrar no Capítulo 5, "Quando o brinquedo não brinca: há futuro para a desilusão?", que explora os desafios da clínica psicanalítica em cenários nos quais qualquer gesto – falar ou silenciar – carrega o risco de ser excessivo ou insuficiente, exigindo do par analítico a travessia de impasses com criatividade e coragem para manejar lógicas paradoxais. Por meio de vinhetas clínicas que retratam sujeitos enredados nas prisões que tentam guardar o objeto, o texto destaca a exigência psíquica colocada sobre o analista: sustentar a turbulência e transformá-la em escuta e possibilidade de simbolização.

O Capítulo 6, "O Eu e seus abalos sísmicos: contribuições contemporâneas à teoria do trauma", desenvolve a metáfora geológica do abalo sísmico para discutir as contribuições de alguns autores da Psicanálise contemporânea nos campos dos traumatismos capazes de abalar as estruturas e o funcionamento do Eu. Em terrenos clínicos-limite, a prática psicanalítica encontra áreas de instabilidade nas quais a estrutura narcísica está sujeita a maiores tremores e o estilo aproximativo clássico do psicanalista tende a fazer fracassar nossos esforços.

O Capítulo 7, "Do solavanco à despersonalização: a falha de reconhecimento", mergulha nas sensações de estranhamento e solavancos mais ou menos bruscos que ferem o sentimento de Eu ou de conexão com o não-Eu – rupturas produtoras de despersonalização e desrealização. Os relatos desses fenômenos, oriundos de diferentes pacientes, revelam movimentos defensivos extremos, como se o próprio corpo, o Eu ou o mundo se tornassem um estranho terreno de batalha de uma aguda força de desinvestimento.

O Capítulo 8, "Decameron: Faces da desobjetalização e o relançar de laços", da mesma forma, examina os movimentos de desinvestimento incidindo sobre o Eu e sobre a análise. O trabalho reúne múltiplas faces da desobjetalização que se apresentaram para a autora no plano individual e da cultura no contexto de pandemia de 2020 e afirma a função de investimento significativo da analista na recuperação da dialética fecunda quando a força de desligamento atinge alcances radicais. O livro de Giovanni Boccaccio, escrito durante a peste negra de 1348, ofereceu-se como favorecedor do resgate da dimensão ligadora da analista e entrelaça-se no texto como modelo de aposta na palavra para a reinstalação de um movimento criador.

O Capítulo 9, "Hiperconectividade e autocancelamento: o Eu em tempos de excesso", recorta o movimento psíquico que o nomeia como autocancelamento, escutado e manejado na clínica psicanalítica e discute-o no contexto da hiperconectividade característica da atual sociedade pós-moderna. Os efeitos de sobrecarga para o narcisismo são pensados articulando sintomas sociais e individuais, um episódio de *Black mirror* como alegoria, além de bibliografia psicanalítica e sociológica.

O Capítulo 10, "Do silêncio ao testemunho: a recuperação do traumático em Édipo Rei como modelo clínico em psicanálise", parte do poema "A contrapelo" e do artigo "Édipo a contrapelo", de Luiz Meyer –, os quais revisitam as violações sofridas por Édipo antes de se tornar rei – e da instalação *Illusions*, de Grada Kilomba, que também destacam a dimensão violenta presente em *Édipo Rei*. Com base nessas produções, que resgatam e constroem vozes silenciadas, a autora propõe uma aproximação entre a ferramenta da construção em análise e o modelo clínico do testemunho, sugerindo que essa conexão pode ser crucial em contextos em que o paciente não consegue narrar, em palavras, suas experiências traumáticas.

O Capítulo 11, "Por uma Psicanálise com sexualidade, ainda", é uma reelaboração do artigo desenvolvido em 2013 que problematizou o desprestígio da sexualidade infantil que se revela em movimentos teórico-clínicos mesmo no interior da Psicanálise, cuja repercussão prática não é irrelevante. Somam-se a esse resgate as reflexões desenvolvidas para o evento ocorrido no início de 2025, em Porto Alegre – preparatório ao 30º Congresso da Febrapsi –, que homenageava os 100 anos do texto freudiano de 1925, "Algumas distinções anatômicas entre os sexos".

O Capítulo 12, "Por que ainda ler Freud?", encerra o livro – embora pudesse também iniciá-lo. Escrito em 2013, ele testemunha a relação da autora com a obra freudiana e as inquietações que a levam a escrever sobre os modos de leitura do autor e sobre a importância de uma perspectiva implicada e revigorante de encontro com esses escritos no coração da Psicanálise contemporânea. Os movimentos no pensamento freudiano são tomados como expressão da complexidade presente no autor e seu esforço de seguir interrogando e abrindo caminhos para respostas inéditas. É esse gesto – de manter viva a pergunta – que sustenta a Psicanálise em permanente transformação, fiel às questões-problema de seu tempo e meio.

A capa traz a imagem da pintura de Giovanni Segantini, "The Bad Mothers" (ou "The Evil Mothers"): a despeito das intenções do artista em seu contexto histórico (1894), ela cumpre representar a proposta do presente livro de transmitir o contraste entre a paisagem fria e um núcleo febril aprisionante. Nela, entrelaçam-se movimentos de entrega e resistência: o abandono ao prazer incestuoso e a luta por preservar mínimas margens de discriminação e autonomia. O corpo retorcido entre a dor e o êxtase expressa sofrimento e volúpia, sensorialidade e avidez.[2] A obra, que me foi apresentada pela amiga Gabrielli Pohlmann Rocha, se encontra na Österreichische Galerie Belvedere, em Viena. Aproveito para agradecê-la e também aos queridos Renato Mezan, Juliana Lang Lima e Deniel Delouya que tão generosamente contribuíram com os textos de orelha, apresentação e prefácio.

O leitor tem em mãos textos que atravessam os últimos 15 anos de um percurso de escrita – alguns preservados em sua forma original, publicados em periódicos; outros revisitados e retrabalhados para dar forma a este livro. Reunidos aqui, registram uma investigação teórico-clínica persistente e um compromisso com uma clínica que, longe de oferecer garantias ou conforto, continua a desacomodar o psicanalista que nela se implica.

Todo percurso teórico, sabemos, ganha corpo apenas ao se entrelaçar com a experiência viva de cada analista no divã. Aquele que, atravessado por sua própria análise, já se permitiu transitar pelas veredas do pensamento louco, em vez de buscar uma suposta limpeza

2 O quadro é parte da série sobre maternidade intitulada "O ciclo do Nirvana", que inclui também "O castigo das voluptuosas". Karl Abraham (1937) escreveu sobre o pintor e a relação de sua obra com a história infantil dele junto à mãe, que, debilitada após perder um filho, o abandonou ao se deixar morrer.

interior, reconhece a força apassivadora das pulsões e já não se deixa seduzir pela miragem da pureza idealizada. Esse caminho não é desvio: é passagem. Conduz à fonte infantil de onde jorram os recursos criativos que sustentam o diálogo analítico e permitem tocar, com delicadeza, inventividade e coragem, as paixões do outro. O trânsito pela loucura converte-se, assim, em chave essencial de acesso para a clínica-limite e para qualquer outra análise também.

Boa leitura a todos!

Referências

Freud, S. (1915). Observações sobre o amor de transferência. In *Obras completas*, Vol. 10. Companhia das Letras.

Abraham, K. (1937). Giovanni Segantini: A Psychoanalytic Essay. In *Psychoanalytic Quartetly*, (6):453-512.

Lispector, C. (1998). *A paixão segundo G. H.* Rocco.

1. Paixão e loucura nos limites da clínica psicanalítica[1]

Diego, houve dois grandes acidentes na minha vida:
o bonde e você. Você sem dúvida foi o pior deles.
(Frida Kahlo)

Próprias do humano e relacionadas entre si, paixão e loucura tocam a vivência originária de indiscriminação e desborde, experiência-limite arrebatadora de embaralhamento, que podemos ler nas palavras de Annie Ernaux sobre a sensação junto ao objeto de sua "paixão simples". Diz a francesa: "Graças a ele, eu me aproximei do limite que me separa do outro, a ponto de, às vezes, imaginar que iria chegar ao outro lado" (1991/2023, p. 60). Guardemos essas palavras.

1 Capítulo baseado nas ideias apresentadas em mesa-redonda no 29º Congresso Brasileiro de Psicanálise, realizado de 1 a 4 de novembro de 2023 (Campinas, São Paulo), e no Encontro de Psicanálise na Sigmund Freud Associação Psicanalítica (SIG), em agosto de 2024 (Porto Alegre, Rio Grande do Sul) e publicado como artigo na *Revista Brasileira de Psicanálise*, Vol. 58, n. 3, 1, 2024.

A propósito do trabalho com o Homem dos Lobos, Freud escreve:

> *As análises que conduzem a uma conclusão favorável em pouco tempo são de valor para a autoestima do terapeuta e para substanciar a importância médica da psicanálise; mas permanecem em grande parte insignificantes no que diz respeito ao progresso do conhecimento científico. Nada de novo se aprende com elas. Na verdade, apenas são bem-sucedidas tão rapidamente porque tudo o que era necessário para a sua realização já era conhecido. A novidade só pode ser obtida de análises que apresentam especiais dificuldades. (1918/2006, p. 21)*

Poderíamos começar afirmando que a Psicanálise contemporânea é aquela que leva essa posição freudiana a sua radicalidade máxima, endereçando-se a explorar situações ricas em tais dificuldades e a estender o campo psicanalítico nessas direções. As transferências passionais e as saídas paradoxais para se defender do enlouquecimento – na transferência e fora dela – oferecem um eixo fértil de exploração na escuta.

Água na fervura

Em uma pequena epígrafe a um dos artigos do livro *O trabalho do negativo* (1993/2010b), André Green, expoente e impulsionador do movimento coletivo de investigação do contemporâneo, faz referência a Bartleby, personagem de Herman Melville de 1853. Uma discreta menção, que dá notícias do campo clínico de interesse do autor de *A loucura privada*. Bartleby é um escriturário recém-contratado que responde a tudo com um indiferente "Prefiro não". Recusa-se ao trabalho extra, assim como às tarefas básicas, ou às iniciativas óbvias de se retirar após ser demitido, ou de se alimentar. Tudo é repelido com o perturbador "Prefiro não". Precursor da literatura do absurdo,

Melville constrói um personagem que adota o nada como estilo de vida. O leitor acompanha o desespero do chefe que, desistindo de tentar fazê-lo trabalhar, se vê impotente também em demiti-lo. Exasperado e incapaz de convencer Bartleby a ir embora para concretizar a demissão, o chefe muda o endereço do escritório, numa versão negativa do provérbio sobre Maomé ir à montanha ("Se Maomé não vai à montanha, a montanha vai a Maomé" transforma-se em "se Bartleby não sai do escritório, o escritório é que sai de Bartleby"). Na última cena, já na prisão e subnutrido, Bartleby rejeita a oferta de alimento, encerrando o livro com seu usual e perturbador "Prefiro não".

Esse ideal de indiferença que tende ao apagamento de qualquer rastro desejante foi igualmente desconcertante no trabalho com uma paciente que chamei de Frida,[2] uma jovem tão perspicaz quanto sensível e machucada. Rechaçava com afinco qualquer vulnerabilidade percebida em si e nos outros e tendia a rejeitar nuances, combatidas com certezas defensivas. Com os erros, ela era implacável – com os dos outros, sem dúvida, mas especialmente com os próprios, o que tornava quase insuportável sobreviver a eles.

Marcada por rupturas primárias na infância, vivida em uma cidade pobre e violenta, começou a análise esclarecendo que isso não era um problema, não considerava tais fatos causadores de traumas. Achava tudo isso uma bobagem.

Suas queixas surgiam em brechas a dividir espaço com uma expectativa de imunidade a conflitos. Assumir sofrimentos seria admitir não apenas inseguranças próprias, mas também uma demanda para a análise e para a analista, posição ameaçadora evitada a todo o custo. Costumava desfazer-se de qualquer esboço de demanda com a expressão "Não foi nada", que se seguia às afirmações dos incômodos intersubjetivos.

---

2 Os dados clínicos foram ficcionalizados e modificados de forma a preservar a confidencialidade do material.

Como se em contato com uma versão contemporânea de Bartleby, sua análise se inventou no marco de um ideal de autossuficiência pouco compatível com um movimento autorreflexivo. Os eventos que se sucederam me permitiram ressignificar seus esforços em prescindir de demandar.

Frida estava atraída por um homem, despertada eroticamente e querendo viver o mundo excitante fora de casa, disposição nada corriqueira em sua vida. Havia uma urgência e alguma coragem de se entregar ao apaixonamento, assim como um temor de perder o refúgio seguro para onde voltar. Paixão, do grego *pathos*, que também designa sofrimento e passividade, implicava sentir que se jogava vulnerável nas mãos de alguém que poderia não estar lá firme para recebê-la – imagem com que ela concordava, embora considerasse romântica e um pouco boba, típica de mulher que confia em homem. Um passo nessa direção, e estávamos diante do precipício. Consumado um encontro, o tempo, de fato, virou. Excitada, interpretou cada gesto a partir de então como evidente sinal de desprezo e desinteresse, o que a fazia se sentir um lixo. Humilhada, não podia pensar em mais nada.

Como se desviasse a mira da metralhadora de acusações e críticas antes insuportavelmente endereçadas para si, muda o alvo das queixas para a analista: sentiu-se andando em má companhia, assistida por alguém que sabia que ela quebraria a cara e não a impediu.

Iniciamos uma longa fase em que seu narcisismo parecia estar por um fio, e sua análise também. Atravessamos momentos agudos de impasse. Muitas vezes, disse-me ter vindo para sua última sessão, ocupando a análise para declarar com palavras o descuido ou o mal uso da confiança. Noutras vezes, mantinha-se numa espécie de protesto silencioso, sem clima para falar. Uma fúria declarada ou muda – em todo caso, impiedosa. Cada vez que, como analista, eu estava prestes a jogar a toalha, imaginando termos perdido aquela análise, algum fio de ligação se relançava e seguíamos.

Mergulhávamos numa paixão transferencial. Acusou a análise e a analista de terem destruído sua vida. Já não parecia claro de qual das duas partiam as fantasias que ela ousou realizar. Seriam dela ou da analista? Nem na adolescência admitiu cair em papo de homem e passar pela humilhação de se apaixonar, e agora lá estava ela. Sentiu vontade de morrer. Alguns dias, não conseguia sair da cama. Não se conformava de ter precisado passar por isso para aprender o que sua versão adolescente já sabia.

De fato, só naquele momento arriscava se envolver, sentia que dava conta de atravessar o desabrigo de desejar insaciavelmente, de chegar a estar com alguém querendo de forma tão desmesurada a ponto de pôr em xeque seus limites e desesperar por respostas do outro, nocaute em seu narcisismo. Já não sabia o que fazer com o que fervilhava dentro dela.

A sensação contratransferencial era de viver com ela em um episódio de *Round 6*, série sul-coreana na qual os envolvidos participam de jogos inspirados em brincadeiras infantis, mas nos quais os deslizes são mortais – cada erro, uma cabeça cortada. Minha associação com a série a deixou curiosa.

Pontalis lembra que a transferência é um agir: "A transferência é uma paixão, não um dizer" (1990/1991, p. 52). É o que já estava anunciado por Freud em *A dinâmica da transferência*, quando menciona que a paciente "quer agir suas paixões" (1912/1989, p. 105). Embora toda transferência tenha uma dimensão agida, ela pode ter características dramáticas que convocam violentamente o analista para o palco nas dinâmicas além do princípio de prazer.

> *Há uma mudança completa de cenário, como quando uma brincadeira dá lugar a uma realidade que irrompe inesperadamente como um grito de 'Incêndio!' lançado no meio de uma apresentação teatral. (Freud, 1915/2010, p. 214)*

Embora chamadas a um corpo a corpo incendiado difícil de metaforizar, eventualmente fomos sobrevivendo, ambas. Nos momentos transferenciais mais quentes, nos quais eu tratava de suportar ser destruída e insistir em me manter investindo, vivíamos, no teatro da sessão, sua dramaturgia pessoal traumática. Demos contorno e reconhecimento para a sensação de maus-tratos e descuido, de ser deixada à própria sorte numa situação de muito desamparo e risco. Percebemos juntas o quanto subestimamos o movimento violento que viria a se detonar nela na situação de apaixonamento.

Numa ocasião em que pensávamos sobre esse seu aspecto duro e implacável, formulei que, por vezes, quando está muito difícil para alguém conviver com uma cicatriz que tem no punho, por exemplo, pode surgir uma vontade de amputar o braço inteiro, como tentativa desesperada de se ver livre da marca.

Interessada na imagem, completou dizendo que, em seu caso, queria também poder cortar todos os que participaram desse momento – afastou-se, inclusive, das amigas.

"Está eliminando as testemunhas?", eu perguntei, ao que ela respondeu com uma gargalhada.

Minha íntima hipótese é de que se tratava de testemunhas de sua fome de outro, causadora de desconcerto, tamanha a violência com a qual se viu ansiar o encontro, o olhar, o contato, a intensidade com a qual seus limites ameaçavam se perder entre os corpos e os espíritos. Aquele "não foi nada" tendo sido arrancado abruptamente de cena pela própria urgência. Desmesura que beirava a perda da dignidade, paixão. O passional é a fórmula em contato com a qual o sentimento de Eu ameaça se dissolver, como bem observou Freud ao dizer ser esse o estado especial no qual "a fronteira entre o Eu e o objeto ameaça se sobrepor" (1930/2020, p. 308), perdendo-se os limites "claros e nítidos". Limite, noção alçada a conceito central em Green.

Penso no limiar da loucura, no quase chegar ao outro lado de que fala Annie Ernaux – na ameaça de desamparo e na sensação de humilhação de ter uma vida pulsional, de ter urgências na direção de alguém, de padecer passionalmente, apassivada pelo próprio pulsional e pelo poder atribuído à pessoa, excedendo todas as capacidades do Eu de caber em si. Contra a *hybris*, o esforço de não demandar nada de ninguém – nem dos homens, nem dos amigos, nem da análise. "Desde setembro do ano passado, não fiz outra coisa além de esperar por um homem", diz Annie Ernaux (1991/2023, p. 9) sobre seu mergulho apaixonado. Um estado em que a vida se colore ou desbota a depender do outro.

Passados esses momentos mais intensos, Frida me confidencia que há uma área especialmente excitável em seu corpo, na qual o toque participa de seus melhores momentos sexuais. Conta-me que foi acariciada nessa região no fatídico encontro e que, desde então, nunca mais pôde encostar ou se deixar tocar ali, nem mesmo para se higienizar ao banho, o que resultou em problemas de pele. O rechaço de uma área inteira do próprio corpo, testemunha de sua excitação, revelava os caminhos radicais pelos quais tentava negativar o traumático. Corta-se no corpo e na psique, automutila-se.

Paixão e ameaça: o pulsional louco

> *Eu nunca havia mergulhado, não nado muito bem e o oceano me dá medo, mas o lugar parecia tão lindo e a oportunidade tão única que não quis desperdiçá-la. Pulei na água com o cilindro e durante cinco ou dez minutos aquilo foi o paraíso: danças deslumbrantes de peixes multicoloridos, sedosas melenas de anêmonas-do-mar, reflexos de sol no mar como diamantes partidos. Eu estava feliz da vida contemplando aquele esplendor quando dei uma braçada e virei à direita, e de repente me encontrei sobre um abismo de uma escuridão absoluta, sobre um buraco no arrecife que se abria à vertiginosa profundidade do fundo do mar. ...Senti que estava caindo, que o poço me engolia, que não havia água capaz de me amparar.*
>
> (Rosa Montero, O perigo de estar lúcida)

Mas o que de tão perturbador porta a paixão amorosa? Se a experiência de se misturar e de se ver vulnerável participa do apaixonamento, essa experiência convoca em cada pessoa sua própria vivência primária de arrebatamento e entrega. "O amor da criança é desmedido, exige exclusividade e não se dá por satisfeito com parcialidades" (Freud, 1931/2018, p. 293). Dessa citação, podemos destacar não apenas a desmesura e sua fonte na relação primária, mas também o enlouquecimento potencial do erótico. Sua fonte na relação originária incestuosa e indiscriminada atesta suas raízes, e as diversas formas como tais raízes foram implantadas certamente impactam a experiência de revivê-las.

Piera Aulagnier, no livro *Os destinos do prazer: alienação, amor, paixão* (1979/1985), afirma que a diferença entre amor e paixão não está na intensidade – a paixão não é um amor mais intenso –, mas na qualidade. O objeto de desejo, no caso da paixão, se transforma em objeto de necessidade. Para Aulagnier, os vínculos podem ser simétricos ou assimétricos, sendo a paixão, ao lado da dependência de drogas e do jogo, parte do segundo grupo. Haveria uma idealização que atribui um poder desigual ao destinatário da paixão, que pode proporcionar não apenas prazer, mas sofrimento. A sensação é de não se dispor do mesmo poder de fazer sofrer que se atribui ao outro.

Em uma direção similar, Joyce McDougall (1982/1992) fala de pessoas utilizadas como drogas, aproximando a dependência em relação a alguém, que se torna indispensável, a adições ao jogo ou a substâncias. Slavoj Žižek fala do medo de "cair de amor" e sublinha o *fall* na expressão *fall in love*, queda do Eu que abala a estabilização narcísica (Žižek Comedy, 2017).

A assimetria da paixão amorosa, nessa perspectiva, é seu selo de denominação de origem. O outro, quando descoberto, nas origens do psíquico, é absolutamente necessário, vital para o *infans*, que, exposto a suas formas de cuidado, o sente como insubstituível. Por mais intenso que seja o investimento da mãe em um filho, ele não é exclusivo e simétrico àquele que o bebê direciona à mãe, que representa não apenas fonte de prazer, mas também de atendimento de suas necessidades fundamentais.

A regressão que experimenta a "mãe suficientemente boa" ou "mãe devotada comum" (Winnicott, 1958/2000, 1965/2001, 1986/2005) a faz sintonizar com a mistura originária e responder a esta com uma sensibilidade aumentada, adivinhando o que se passa e os gestos que deve empreender. Uma quase doença na qual a mãe é capaz de entrar e também de sair. Tal capacidade de predizer necessidades e de se sentir fonte do bem e do mal para o filho compõe a "loucura primária materna" (Green, 1980/2017).

Piera Aulagnier (1975/1979) chama de "violência primária" o investimento antecipado da subjetivação do *infans* pelo desejo dos pais, os quais, como porta-vozes que falam por e sobre ele, projetam uma sombra falada sobre seu corpo e seu psíquico. Embora inevitavelmente defasada em relação ao vivido, tal antecipação é vital, mas pode se tornar abusiva.

Quando há desencontros radicais, os impactos se farão sentir na vida: nas relações amorosas ordinárias e também na transferência em análise. Havendo a experiência de uma passivação traumática (Green, 1996a, 1996b, 1980/2017; Urribarri, 2023), fundada sobre aquela originária universal, mas excedendo seus contornos, ela poderá vir a se refletir numa dinâmica transferencial-limite que, nos momentos de repetição traumática, se apresente como vivência de um submetimento apassivador.

> *O que se torna então a análise... no próprio momento em que a paixão, em geral mais surda que declarada, ocupa o território?... Quando a análise acaba falando assim a linguagem da paixão... corpo a corpo psíquico, por assim dizer, entre o amor e a guerra. (Pontalis, 1990/1991, pp. 86 e 91)*

A chama que se acende e infiltra

Green (1980/2017) resgata a noção de loucura e a contrasta com a de psicose, essa última nosograficamente delimitada. A primeira, própria do humano, não escapa a ninguém, e estará presente em toda transferência.[3] Tem parentesco com a paixão, "dois afluentes do mesmo rio, cuja fonte é *hybris*" (p. 140).[4] Eros teria uma "essência intrinsecamente louca" (p. 148). Dela, participa a loucura primária materna, que é passional. Aristóteles (século 4 a.C./2000) entende por paixões tudo o que faz variar os juízos e a que se seguem sofrimento e prazer. Paixão é afetação, capaz de invadir o Eu e abalar a razão, como nas fendas de loucuras não psicóticas. Quando o polo da paixão possui o sujeito e extrapola todas as capacidades do Eu, testemunhamos sua loucura.

> *Para um ouvido treinado, mesmo na mais banal das neuroses... chega um momento em que se manifesta na contratransferência do analista o sentimento de que está lidando com um funcionamento mental louco: esse momento é passageiro, mas ele é crucial. A neurose nos ilude porque nela o pensamento racional se encontra intacto, porque aí as fantasias se encontram contidas num território limitado. (Green, 1980/2017, p. 149)*

---

3 Já as psicoses, como pode ser acompanhado no Capítulo 2, estão aqui consideradas como estrutura específica, não próprias a todo humano. Nelas, identificamos uma constelação em que predominam as pulsões destrutivas, que alcançam a ruptura com a realidade e a posterior construção de neorrealidades.

4 Paixão e loucura são noções de extenso interesse na filosofia e reduzida tradição na Psicanálise. Afeto é "movimento em busca de uma forma" (Green, 1996c), e a paixão é um estado afetivo capaz de dominar o sujeito num arrebatamento vivido passivamente. Essa dimensão de infiltração e sequestro do Eu numa intensidade passional, que o faz funcionar de forma aberrante pela linguagem da pulsão, pode ser nomeada "loucura".

O território que a fantasia inconsciente delimita protege do esparramamento desorganizador do Eu que marca a loucura. Do pulsional infiltrante. O afeto, que pode estar suficientemente articulado em uma cadeia representativa, também pode se manifestar em investimento torrencial que inunda, com sua força, as capacidades de ligação do Eu. A relação passional amorosa é terreno fértil para essa vivência. Inserida no registro da assimetria, entre o prazer e a necessidade, ela pode ser vivida como enlouquecedora.

> *Encontraremos sempre no homem a nostalgia do excesso de prazer vivido em seu encontro com o primeiro objeto de sua paixão, e a angústia que o invade diante da ideia de que, ao reviver uma mesma relação, poderá reviver o excesso de sofrimento por ela imposto. (Aulagnier, 1979/1985, p. 120)*

Em *A sexualidade nas estruturas não neuróticas: ontem e hoje* (Green, 1996/2021), vemos desdobrados os impactos que pode ter o sexual na desorganização do narcisismo. A partir de exemplos clínicos ligados à evitação fóbica de qualquer situação que conduza a uma relação sexual, Green demonstra como os transtornos do Eu não deveriam ser separados da sexualidade e de suas vicissitudes.

Diante dessa chama ameaçadora, pode ser necessário à economia narcísica contar com um outro que seja continente para o que não é aceito como parte de sua própria vida psíquica. Como no teatro do transicional de McDougall (1982/1992), o Eu, para se equilibrar, pode precisar que alguém exerça certo papel que o libere de um conflito intrapsíquico delicado. "O outro será considerado inteiramente responsável por tudo o que lhe ocorrer, o indivíduo espera que o outro lhe traga a felicidade, e não se trata de uma esperança, mas sim de um dever" (p. 55). O curioso é pensar que o papel atribuído a esse outro pode ser justamente o de falhar, enganar-se ou maltratar: provar-se o responsável por toda a infelicidade do sujeito.

Paixão, loucura e esforços de conjuração

A clínica do negativo nos apresenta uma heterogeneidade de movimentos dessimbolizantes que tentam negativar marcas do vivido, pondo água na fervura das intensidades insuportáveis. Tanto a chama como seus antídotos são testemunhados nas manifestações transferenciais e contratransferenciais.

O reconhecimento da aptidão do objeto para ameaçar a organização psíquica e mergulhar o Eu em estados de desespero torna possível escutar tentativas de desinvesti-lo (o objeto) até suas raízes no corpo e no próprio Eu, como faz Frida.

As experiências traumáticas, em especial as primárias, são capazes de amarrar pulsão e objeto de tal maneira que a vida pulsional se identifica com o objeto que jamais poderá satisfazer (Green, 1993/2010b), dando origem ao "desejo de não desejo" (Aulagnier, 1975/1979). A onipotência, ainda que aquela negativa, que busca não precisar, não desejar, não demandar, é uma resposta para contornar a ameaça de desborde e dependência: um modo de compensar o narcisismo pela trilha do negativo.

Diante da loucura e da transferência passional, experiências de intensidade hiperbólica, surgem respostas para conjurá-las, num jogo dinâmico entre as posições de onipotência negativa (Green, 1999/2010a, 1980/2017; Urribarri, 2023) e o esboço de abertura desejante, atravessados por vulnerabilidades narcísicas e acusações autodestrutivas.

A conjuração, como vemos, pode atingir o próprio pulsional, numa transferência de sua fonte para o objeto: despossessão subjetiva da pulsão (Green, 1993/2010b), efeito possível do desencontro radical primário. O sujeito passa a sentir que, pulsionalmente, só existe ativado desde fora, a partir das manobras vindas do outro, de quem precisa se defender, tornando-se mais importante "dizer 'não' ao objeto que dizer 'sim' a si mesmo" (p. 112).

Quando isso é manifestado na relação transferencial, o campo intersubjetivo em sessão torna-se palco de uma luta pela defesa de um território ameaçado, exigindo do analista uma presença que consinta em sacrificar seu narcisismo em favor da análise. Frente aos anseios por autossuficiência e, eventualmente, até por eliminação de toda a tensão vital possível, como em Bartleby, a análise pode encontrar grandes obstáculos a sua progressão, desenrolar-se em meio a dinâmicas desorganizadoras ligadas à pulsionalização das defesas e ao fracasso em criar formações intermediárias.

Toda transferência tem uma potencialidade passional que, quando realizada, posiciona a análise em um terreno explosivo. Nesse campo minado, a capacidade de jogo do psicanalista é colocada à prova, sua elaboração contratransferencial exige trabalho psíquico, e a sobrevivência de sua criatividade poderá sustentar a transferência e resgatar, ao menos em sua escuta, alguma dimensão do "como se", perdido quando o fogo toma o teatro.

Referências

Aristóteles. (2000). *Retórica das paixões* (I. B. B. Fonseca, Trad.). Martins Fontes. (Trabalho original publicado no século 4 a.C.)

Aulagnier, P. (1979). *A violência da interpretação: do pictograma ao enunciado* (M. C. Pellegrino, Trad.). Imago. (Trabalho original publicado em 1975)

Aulagnier, P. (1985). *Os destinos do prazer: alienação, amor, paixão* (M. V. A. A. Gervaiseau & M. C. Pellegrino, Trads.). Imago. (Trabalho original publicado em 1979)

Ernaux, A. (2023). *Paixão simples* (M. Garcia, Trad.). (Trabalho original publicado em 1991)

Foucault, M. (2019). *História da loucura* (J. T. Coelho Netto & N. Cunha, Trads.). Perspectiva. (Trabalho original publicado em 1961)

Freud, S. (1989). Sobre la dinámica de la transferencia. In S. Freud, *Obras completas* (J. L. Etcheverry, Trad., Vol. 12, pp. 93-106). Amorrortu. (Trabalho original publicado em 1912)

Freud, S. (2006). História de uma neurose infantil. In S. Freud, *Edição standard brasileira das obras psicológicas completas de Sigmund Freud* (J. Salomão, Trad., Vol. 17, pp. 15-132). Imago. (Trabalho original publicado em 1918)

Freud, S. (2010). Observações sobre o amor de transferência. In S. Freud, *Obras completas* (P. C. Souza, Trad., Vol. 10, pp. 210-228). Companhia das Letras. (Trabalho original publicado em 1915)

Freud, S. (2018). Sobre a sexualidade feminina. In S. Freud, *Amor, sexualidade, feminilidade* (M. R. S. Moraes, Trad., pp. 285-312). Autêntica. (Trabalho original publicado em 1931)

Freud, S. (2020). O mal-estar na cultura. In S. Freud, *Cultura, sociedade, religião: o mal-estar na cultura e outros escritos* (M. R. S. Moraes, Trad., pp. 305-410). Autêntica. (Trabalho original publicado em 1930)

Green, A. (1996a). Pasividad-pasivación: goce y desamparo. In A. Green, *La clínica psicoanalítica contemporánea* (M. F. Brunet, Trad., pp. 192-207). Amorrortu.

Green, A. (1996b). La sexualización y su economía. In A. Green, *La metapsicología revisitada* (I. Agoff, Trad., pp. 67-86). Eudeba. (Trabalho original publicado em 1974)

Green (1996c). *La metapsicología revisitada* (I. Agoff, Trad.). Eudeba.

Green, A. (2010a). Sobre la discriminación y la indiscriminación afecto-representación. In A. Green, *El pensamiento clínico* (C. E. Consigli, Trad., pp. 179-241). Amorrortu. (Trabalho original publicado em 1999)

Green, A. (2010b). *O trabalho do negativo* (F. Murad, Trad.). Artmed. (Trabalho original publicado em 1993)

Green, A. (2017). Paixões e destinos das paixões. In A. Green, *A loucura privada: psicanálise de casos-limite* (M. Gambini, Trad., pp. 137-182). Escuta. (Trabalho original publicado em 1980)

Green, A. (2021). A sexualidade nas estruturas não neuróticas: ontem e hoje (J. Catani & P. C. Mello, Trads.). *Jornal de Psicanálise*, *54*(100), 189-210. (Trabalho original publicado em 1996)

McDougall, J. (1992). *Teatros do eu* (P. H. B. Rondon, Trad.). Francisco Alves. (Trabalho original publicado em 1982)

Melville, H. (2015). *Bartleby, o escrevente: uma história de Wall Street* (T. Tadeu, Trad.). Autêntica. (Trabalho original publicado em 1983)

Pontalis, J.-B. (1991). *A força de atração* (L. Magalhães, Trad.). Jorge Zahar. (Trabalho original publicado em 1990)

Urribarri, F. (2023). As passivações e seus destinos: as três dimensões do conceito de passivação de André Green (D. Rovere, Trad.). *Jornal de Psicanálise*, 56(105), 25-35.

Winnicott, D. W. (2000). *Textos selecionados: da pediatria à psicanálise* (D. Bogomoletz, Trad.). Imago. (Trabalho original publicado em 1958)

Winnicott, D. W. (2001). *A família e o desenvolvimento individual* (M. B. Cipolla, Trad., 2a ed.). Martins Fontes. (Trabalho original publicado em 1965)

Winnicott, D. W. (2005). *Tudo começa em casa* (P. Sandler, Trad., 4a ed.). Martins Fontes. (Trabalho original publicado em 1986)

Žižek Comedy. (2017, 15 de março). *Žižek:* our fear of falling in love [Vídeo YouTube]. https://youtu.be/rrxk2WzrE14

2. Sobre os benefícios clínicos de diferenciar loucura e psicose

Eu vi em sua mão uma longa lança de ouro e, na ponta, o que parecia ser uma pequena chama. Ele parecia para mim estar lançando-a, por vezes, no meu coração e perfurando minhas entranhas; quando ele a puxava de volta, parecia levá-las junto também, deixando-me em chamas com o grande amor de Deus. A dor era tão grande que me fazia gemer; e, apesar de ser tão avassaladora a doçura desta dor excessiva, não conseguia desejar que ela acabasse. A alma está satisfeita agora, com nada menos que Deus. A dor não é corporal, mas espiritual; embora o corpo tenha sua parte nela. É uma carícia de amor tão doce que agora acontece entre a alma e Deus.

(Santa Teresa d'Ávila)

No silêncio de um quarto de hospital, a tensão é audível e crescente, subitamente interrompida por uma explosão em gemidos que acompanham o convulsionar do corpo. A excitação motora é, então, substituída pela calmaria da entrega pós-descarga. Do outro lado da tela, quem assiste ao vídeo EEG tem a íntima sensação de adentrar a privacidade do erótico e da loucura.[1]

---

1 Uma série de experiências como essa está apresentada e desdobrada no livro *Crise pseudoepiléptica*, Coleção Clínica Psicanalítica (Azevedo, 2011).

Como não reconhecer a possessão do corpo na crise pseudoepiléptica,[2] que parece momentaneamente dissolver as propriedades do Eu de fazer frente à violência pulsional, numa súbita loucura que toma o sujeito? Se uma cena sexual febril testemunha o parentesco do erótico com a loucura - os amantes, afinal, dizem ter sido levados à loucura -, a crise descrita tem alguma familiaridade com tudo isso.

O corpo a corpo originário do *infans* com seu cuidador acorda o pulsional e é nascedouro da paixão. E da loucura. O destempero e a urgência marcam essa relação e não se restringirão a ela. A nascente do sexual não jorra discretamente suas águas. Ao contrário, ela brota anárquica e impetuosa, transbordante e sem contornos. Um sol de incandescência desmedida, capaz de queimar e derreter que, com o auxílio do objeto primário, passará por algum processo de negativação, jamais completo ou absoluto.

Num outro cenário, no calor da discussão conjugal, a fúria exaltada se assemelha a um surto, assim descrita por uma paciente em análise. Uma raiva fervilhante que, enlouquecida, a fez perder a cabeça e dizer coisas horríveis sobre as quais se arrepende. *Não sei o que foi que me deu.*

Medeia, na peça de Eurípedes, tomada de loucura, foi capaz de matar os filhos para vingar sua dor de amor. Na ânsia descontrolada por tocar o marido traidor a ponto de fazê-lo experimentar o desespero, sacrifica a própria prole, indiferente às consequências para si, tão fixada estava em fazer doer nele.

O êxtase de Santa Teresa, retratado na escultura de Bernini, traz em seu rosto uma expressão ambígua de aspecto orgástico, interpretada como gozo sacrificial por diferentes psicanalistas, como Jacques Lacan (1985 (1972-1973)) e André Green (2021 (1996)). O escultor italiano esculpiu uma boca semiaberta e olhos revirados, num misto de prazer

2 Também nomeada "crise não epiléptica psicogênica" ou "crise funcional".

doloroso e dor prazerosa, entre a entrega espiritual e o prazer carnal, refletindo, em sua arte, a impressão que se depreende da autobiografia da santa -cujo trecho lemos na epígrafe deste capítulo - que menciona sua transverberação quase como quem escreve um conto erótico.

Mas têm os fenômenos espirituais dos místicos medievais o mesmo estatuto daqueles que conhecemos em Schreber? As passagens iniciais, aqui reunidas, apresentam manifestações de loucura presentes em cenas muito cotidianas que merecem ser discriminadas de um surto psicótico.

Uma história discursiva sobre a loucura

A loucura, objeto dos meus estudos, era até agora uma ilha perdida no oceano da razão; começo a suspeitar que é um continente.

(Machado de Assis, O alienista)

O sentido do termo "loucura" nem sempre foi o mesmo ao longo da história da humanidade. A noção polissêmica carrega uma conotação que, embora toque o incontornavelmente humano, ficou, algumas vezes, reduzida a sinônimo de psicose. Não à toa, há algumas décadas, uma indicação de análise poderia ser rechaçada pelo paciente com o argumento de não ser louco, denotativo de um desconhecimento displicente dos processos psíquicos por parte do enunciador.

Michael Foucault (1972/2019) realizou um trabalho primoroso demonstrando haver uma história da loucura anterior a sua captura pelo saber médico. Ele não se referiu a sua dimensão positiva, como essência, não definiu o que é loucura, como se fosse um objeto natural, mas rastreou o modo como ela era vista em cada período histórico, acompanhando a construção social do louco e o desdobramento da discursividade a seu respeito no período entre a Idade Média e a Idade Clássica na Europa.

Mas a loucura já tinha uma longa trajetória de sentidos de 20 séculos, desde antes de Hipócrates e suas teorias humorais até as épocas abordadas por Foucault. No *corpus* platônico-aristotélico que, junto a Hipócrates, influenciou Galeno, as faculdades das três partes da alma, *logistikon* (destinada à lógica), *thumoeides* (responsável pelas atividades afetivas e espirituais não lógicas) e *epithumetikon* (situada nas vísceras e destinada às paixões e apetites), quando em desarmonia, determinariam desordens mentais.

"Nos escritos da medicina antiga ou no período greco-romano, é frequente encontrar apenas as duas grandes classes ou gêneros seculares: loucura furiosa... e loucura triste" (Pessotti, 1999, p. 17). Na tradição hipocrática a loucura não era vista como doença, mas como sintoma de um desbalanço na economia humoral, estados de ânimo e paixões sem natureza sagrada, diferentemente das interpretações de tradição mitológica, que relacionavam cada forma de loucura a um deus ou *dáimon* correspondente.

O polimorfismo da loucura está retratado na filosofia e na literatura. Em Homero, por exemplo, a loucura é um estado emocional episódico humano, assim como nos textos trágicos de autores do século V a.C., como Eurípedes: uma contingência natural da vida humana, não determinada pelos deuses, mas resultado do descontrole das paixões e danosa para a vida pessoal e social dos personagens (Pessotti, 1999).

Na Baixa Idade Média (séculos XV e XVI) e no Renascimento, os loucos não eram objeto de tratamento médico, mas tomados como extravagantes e causadores de fascínio e temor por sua significação mística. Vagavam errantes como peregrinos e eram embarcados nas chamadas "naus dos loucos". A palavra do louco, nesse momento, tinha função social, portava um saber e mantinha uma conexão com supostas divindades, forças sobrenaturais e saberes misteriosos de outras culturas. No século XV, "a animalidade escapa à domesticação e fascina o homem por seu furor, por sua desordem. Ela revela a monstruosa loucura que se oculta no interior dos homens: tudo o que deles existe de impossível, de inumano. No entanto, sob essa aparente desordem, a loucura fascina porque ela é saber" (Frayze-Pereira, 1984, p. 54).

Nos séculos XVII e XVIII, os ideais iluministas passaram a valorizar a razão para o entendimento do mundo e dos fenômenos da natureza. A partir de Descartes, a razão se estabeleceu como um valor dominante, em detrimento da fé que reinava até então. Uma vez operada a exclusão do louco do campo da razão - mais precisamente, de uma certa razão - a loucura, com seu desatino, se tornou improdutiva e digna de silenciamento. Espaços de internação forçada foram criados e destinados para os loucos, os portadores de doenças venéreas, mendigos, desordeiros e libertinos, todos a partir de então objeto de segregação ampla e indiferenciada em hospitais gerais. A pedido da autoridade pública ou da família, aqueles que ameaçavam a ordem familiar ou social eram recolhidos, de modo que, no mesmo grupo dos insanos, havia uma pluralidade de figuras da exclusão social que eram separadas da sociedade produtiva por serem possuídas por uma animalidade incontrolável em tempos de exaltação moral da razão.

"Na Idade Média, e depois no Renascimento, a loucura está presente no horizonte social como um fato estético ou cotidiano; depois, no século XVII – a partir da internação –, a loucura atravessa um período de silêncio, de exclusão. Ela perdeu essa função de manifestação, de revelação que ela tinha na época de Shakespeare e de Cervantes" (Foucault, 2006, p. 163). A loucura perdia, nesse momento, sua dimensão trágica, em favor da crítica moral.

Os diferentes modos de desatino foram discriminados apenas quando o modelo das grandes internações deixou de funcionar, e a revisão dos critérios de internamento respondeu à necessidade de separar os ditos verdadeiros loucos dos demais desatinados de modo a proteger a sociedade dos primeiros. Era preciso, portanto, definir loucura. Uma tarefa bem-retratada por Machado de Assis (1882/2014) em *O alienista*.

Somente no século XIX a loucura se tornou objeto do saber médico e vista como doença mental. O médico se tornou aquele que detém um saber e um poder sobre a loucura, metodicamente catalogada. Os asilos adquiriram uma finalidade terapêutica, e Philippe Pinel, considerado o precursor da Psiquiatria moderna, foi fundamental na criação dos manicômios, onde os internos já não deviam estar acorrentados nem mantidos em condições insalubres no hospital geral. A cura passou a ser uma possibilidade buscada e, com isso, o termo "loucura" caiu em desuso, associado às épocas pouco científicas.

O século XX viu nascer o movimento de luta antimanicomial que questionou a institucionalização da doença mental e preconizou o tratamento dos pacientes psiquiátricos sem isolá-los do laço social, de sua comunidade.[3]

Esse breve histórico, que não se propõe exaustivo, objetiva apenas acompanhar algumas das inúmeras transformações interpretativas do que foi considerado loucura ao longo dos séculos. É o suficiente, espero, para demonstrar que a loucura foi só recentemente significada como doença mental, enquanto em outros tempos era caracterizada como uma dimensão não eliminável do humano. O resgate dessa acepção pode ser útil no horizonte da escuta clínica.

---

3 Uma visão mais aprofundada desse movimento e das influências do trabalho realizado pelo italiano Franco Basaglia em Trieste para a reforma psiquiátrica brasileira pode ser acompanhada nos livros: Amarante, P. (1995). *Loucos pela vida: a trajetória da reforma psiquiátrica no Brasil*. SNE/ENDP; e Rotelli, F. & Amarante, P. (1992). *Reformas psiquiátricas na Itália e no Brasil: aspectos históricos e metodológicos*. In Bezerra, B. Junior & Amarante, P. (Orgs.), *Psiquiatria sem hospício: contribuições ao estudo da reforma psiquiátrica*. Relume-Dumará.

Psicose: um exorcismo do objeto

Quando loucura virou assunto da saúde mental, passou a ser uma noção com frequência identificada com o específico da psicose, resultando na perda do sentido irredutivelmente humano de afetação.

Em *Neurose e psicose*, Freud (1924) se debruçou sobre as diferenças entre as duas formas de sofrer figuradas no título. Embora tenha dedicado grande parte de sua obra a teorizar as relações entre neurose e perversão, após a virada de 1920, Freud se tornou sensível aos fenômenos além do princípio de prazer que não eram suficientemente esclarecidos pelo recalque. A noção de defesa foi, então, recuperada por ele, e novas explorações foram empreendidas para examinar modalidades defensivas responsáveis por efeitos diversos, como a *Verleugnung* (recusa), a *Verwerfung* (rejeição) e a *Ichspaltung* (clivagem do Eu). Se por um lado, o recalque permitia manter, em fantasia, formas substitutivas de satisfação; na psicose, a experiência invivível resultaria em ruptura com certa realidade compartilhada seguida de tentativa de autocura pela construção delirante de uma neorrealidade. A perda da realidade, nesse caso, resultante de uma retirada dos investimentos, não se realizaria apenas perceptualmente na direção do mundo exterior, mas também estenderia seus impactos às marcas mnêmicas que o representam no psíquico. Esse conjunto levaria ao que, no ano seguinte, Freud (1925) nomeou como "negativismo próprio ao psicótico".

Memórias de um doente dos nervos ofereceu a Freud (1911) a oportunidade de acompanhar a construção delirante de uma psicose na pena do próprio doente. Schreber relatou, em seu livro, a experiência de emasculação: ser transformado por Deus em uma mulher, fecundado pelos raios divinos para, assim, gerar uma nova raça de homens. Diferente da entrega jubilatória de si de Santa Teresa D'Ávila, a emasculação de Schreber não estava ancorada em um repertório partilhado culturalmente como experiência místico-religiosa, tendo sido construído de modo particular e sem lugar a dúvidas.

Com angústia de aniquilamento, Schreber experimentava, junto a Deus e ao Dr. Frechsig, uma intrusão abusiva e devastadora relacionada a vivências biográficas impensáveis. Ele falava em um assassinato de alma. Sentia-se a tal ponto subjugado pelo outro que, para combatê-lo, promoveu um autoaniquilamento subjetivo recrutando uma destrutividade radical. Uma vivência muito diferente daquela sintonia, comunhão e ultrapassagem dos limites do Eu que se dá na experiência mística, na qual a dissolução episódica do Eu é experimentada como entrega a uma conexão profunda com um ilimitado interpretado como divino.[4]

Diversos autores, depois de Freud, se dedicaram à clínica com pacientes psicóticos e ampliaram a compreensão das manifestações patológicas em jogo. Lacan (1987/1932), Klein (1946) e Bion (1959/1994) são exemplos de psicanalistas que, oriundos de tradições diferentes, tiveram em comum esse interesse teórico-clínico.

Bion (1957/1994, 1959/1994) nomeou o ataque aos elos de ligação, conseguindo, assim, formular metapsicologicamente o que diversos colegas sentiam no vínculo analítico. Interpretou essa força destruidora da função ligadora como efeito de um fracasso no trabalho com a própria destrutividade, cuja preponderância resultaria da indisponibilidade materna para se oferecer como continente a tais ímpetos do bebê, ou do excesso de inveja original desse último. Seja como for, levaria ao que chamou de "superdotação destrutiva", capaz de atacar o aparelho psíquico testemunha dos estímulos provenientes das realidades interna e externa.

Piera Aulagnier (1979(1975)), dedicada à clínica com pacientes psicóticos e suas mães, entendeu que a possibilidade de o *infans*

4 Há uma longa trajetória de estudo que diferencia a experiência mística do surto psicótico. Lacan (1972-73/1985b), por exemplo, tomou parte do debate entendendo a primeira como um gozo mais além ou aquém do fálico próxima do que nomeou de "posição feminina que não excluiria a castração simbólica".

sustentar um projeto identificatório para si depende, ao mesmo tempo, de uma experiência corporal mínima de prazer e, também, dos enunciados vindos da relação primária com o porta-voz, aquele outro que originalmente fala pelo e sobre o bebê. Essa conjugação do prazer mínimo necessário no encontro com o outro (nesse momento, ainda indiscriminado) e a sombra falada construída pelos enunciados parentais garantiu às proposições de Aulagnier uma abordagem complexa. Articula a experiência intersubjetiva primária de modo a não desconsiderar sua conexão com o intrapsíquico e com o mais original da escuta psicanalítica: a matéria pulsional com sua força disruptiva, intimamente articulada ao pulsional parental presente nos gestos e enunciados.

André Green (1980/2017b), dedicado à clínica limite, cunhou o termo "loucura privada" para se referir ao que se desvelava transferencialmente com seus pacientes e discriminá-lo do sofrimento psicótico. Na psicose, a impossibilidade de tramitação das vivências traumáticas em outros termos levaria o sujeito a recrutar sua destrutividade para exorcizar o objeto e suas marcas no psíquico de modo tão radical que produções delirantes denotariam a necessidade de construção de novas realidades. Um nível de conjuração tal que desinveste o próprio inconsciente e estilhaça a unidade do Eu.

> *A loucura que se encontra no coração do homem não é exclusividade da patologia... A loucura que é constitutiva do humano encontra-se ligada às vicissitudes do Eros primordial sempre em conflito com as pulsões destrutivas. Quando Eros sai vencedor do combate, ou seja, quando a paixão que habita Eros consegue se ligar, a psicose está conjurada. Quando, ao contrário, as pulsões de destruição triunfam sobre Eros, o desligamento sobrepuja a ligação, e a psicose domina. (Green, 1980/2017b, p. 170)*

Loucura: paixão de Eros

Oh, pedaço de mim
Oh, metade amputada de mim
Leva o que há de ti
Que a saudade dói latejada
É assim como uma fisgada
No membro que já perdi
(Chico Buarque)

Paixão é temática cara aos gregos e foi recuperada pelos autores da chamada "Psicanálise contemporânea" que se debruçaram sobre as situações-limite da clínica. Estado afetivo pouco articulado, ela é *pathos*, sofrimento, afetação. O Eu sofre a paixão e pode sucumbir a ela.

J-B. Pontalis (1980), então editor da *Nouvelle Revue de Psychoanalyse*, organizou um número da revista sobre o tema. Lá está publicado, pela primeira vez, o artigo de André Green (1980), *Paixões e destino das paixões*. O jogo com o título freudiano *Pulsões e destinos das pulsões* não é ao acaso, uma vez que é a dimensão indomável da pulsão que o autor de *Loucura privada* pretendeu resgatar.

Segundo Green (1980/2017b, p. 140), historicamente, "o triunfo da razão teve como consequência o recalque não somente da desrazão, mas também da paixão", o que teria incidido até mesmo na obra freudiana. O interesse em demonstrar que os sintomas portam um sentido quiçá tenha contribuído para que o autor de *A interpretação dos sonhos* dedicasse especial atenção para representante-representações e fantasias. Além disso, o trabalho com pacientes neuróticos favorecia esse interesse no sentido, muito embora a relação transferencial, invariavelmente, carregue, para a cena analítica, a dimensão pulsional da força.

A *Drang*, componente essencial da pulsão, pode se manifestar de maneira mais ou menos articulada. Quando assume uma característica coercitiva, transforma-se em *Zwang*, um tipo de coação que Freud destacou na expressão *Zwangsneurose* para se referir à neurose obsessiva. Nesse cenário, o constrangimento interno e imperativo retira do sujeito a liberdade de escolher como pensar e agir.

> *O que são, no final das contas, a força das pulsões ou a natureza da fixação? Nada além do que a intensidade da paixão e o apego a seu objeto. E se remetermos o todo à sexualidade infantil, os objetos da paixão devem ser buscados do lado dos objetos parciais -tomados do corpo da mãe ou do corpo do sujeito - ou objetos totais: as imagos parentais. (Green, 1980/2017b, p. 162)*

"É... através de uma relação passional que a criança – futuro homem – encontra o amor" (Aulagnier, 1979(1975), p. 120). O excesso está na origem, e essa ligação primária será testemunhada ao longo da vida pelos afetos. George Bataille (2023 (1987), mestre na temática do erotismo, referindo-se mais precisamente à paixão amorosa, diz que o sentido último da paixão é a fusão, a supressão do limite. Nessa mistura, um dispêndio louco, incontrolável e improdutivo, que extermina as descontinuidades. Nossos pacientes encontram formas de transmitir essa sensação, como a jovem que me descreveu a dor da ruptura amorosa como se estivesse perdendo um órgão.

Ao falar de paixões desencadeadas, Bataille nos permite contrastá-las àquelas cujo encadeamento é capaz de contê-las sob certos limites. As fantasias inconscientes na neurose fazem essa costura que funciona como continente para o excesso, contorno sempre mais ou menos precário em face à imensidão do que pede escoamento e está aquém do inconsciente estruturado como uma linguagem.

A reabilitação do termo "loucura", proposta por Green, é especialmente relevante nos estados-limite, fonte de incontáveis oportunidades de reconhecê-la. A clínica-limite nos torna sensíveis a identificar a loucura também na neurose, embora, nesses casos, muito menos evidente ou escancarada. Ainda assim, distinguir esses momentos de tomada do Eu pela paixão nos leva a alcançar uma dimensão do sofrimento, *pathos*, que, de outro modo, não escutaríamos: quando Eros, enlouquecido, produz uma erupção vulcânica que inunda o Eu, de tal modo invadido pela força do pulsional bruto inelutável, e com insuficiente representação para contê-la.

> *Se Eros, as pulsões de vida, englobam a sexualidade e o amor a ponto de identifica-los à própria vida, e se reconhecermos que o amor comporta necessariamente essa dimensão louca, então todas as vicissitudes de Eros encontram-se maculadas de um potencial de loucura que se encontra no cerne de sua manifestação, em todos os seus aspectos derivados, até na sexualidade mais normal e até nas suas raízes infantis.* (Green, 1980/2017b, p. 148)

Indiscriminações inelutáveis e secretas: a loucura privada

> *Me projetei no outro com tal força que, quando ele me falta, não posso me retornar, me recuperar, estou perdido pra sempre.*
>
> (Roland Barthes, 1991)

"Não consigo viver sem ela, se rompermos eu morro", dizia um paciente, agoniado, ao perceber que o fim da relação se avizinhava, enlouquecido de ciúme frente às provas de interesse dela em outra direção. Apassivado pelo pulsional desmedido próprio da loucura, chega às bordas de morrer temendo a falta de um objeto sentido como insubstituível.

A heroína de Eurípedes, Medeia, intoxicada de sua fome de amor, como mostrou Sandra Schaffa (2009, p. 53), "atormentada pelas forças das moções pulsionais que, fora do recalcamento, se erguem frente às ameaças da perda de amor", foi às últimas consequências ao matar seus filhos. "Originária do mundo bárbaro, Medeia atualiza a violência arcaica do pulsional que se afirma como limite intransponível da civilização minomiceniana anterior à dos gregos (Freud, 1931/1969, p. 140)" (Schaffa, 2009, p. 53).

Essa força incivilizada que carregamos no íntimo, capaz de arrastar o Eu, é, possivelmente, intuída por outra paciente que se viu incapaz de mergulhar no apaixonamento próprio da loucura materna normal com seu bebê. Ela recruta ferramentas defensivas que a insensibilizam, impedindo-se de cair de amores ou de regredir ao mergulho thalássico (Ferenczi, 1990 (1924)). Em sua fuga para a sanidade (Winnicott, 2021 (1967)), salva-se da mistura dependente, mas sofre por perceber faltar, com o bebê, uma íntima conexão.

Embora a paixão amorosa e a materna sejam êxtases aceitos na cultura ocidental moderna, o mergulho nessa fantasia de fusão pode ser, ainda assim, perturbador. A ameaça de acordar feras selvagens capazes de explodir os próprios limites - infiltrados de pura intensidade e pouca forma - não é nada desprezível. Nas recônditas dobras da constituição subjetiva, sobrevive uma indiferenciação secreta entre o Eu e o objeto primário, e entre o Eu e o Isso.

Nas situações nas quais o traumático primário instaura especiais dificuldades no campo transicional, o espaço psíquico do Eu fica ocupado pelo objeto inelutável que não pode ser nem bem perdido nem bem introjetado, cativo, portanto, de um núcleo de paixão promotora da *loucura privada* na não neurose. Uma vez não sendo possível o luto suficientemente bom do objeto primário que permitisse a alucinação negativa estruturante, esse objeto continua a ocupar demasiado espaço e a colocar o sujeito em constante batalha pela reintegração de posse de seu território.

É o que Green chamou "paixão" na versão conceitual que desenvolveu em 1999 (2002/2010) e que Urribarri (2022) preferiu nomear "núcleo passional inconsciente". Uma problemática do Eu com as pulsões do objeto que atrapalha discriminações e descontinuidades e dá as condições para o passional que ameaçam as insuficientes fronteiras de um Eu cuja rigidez tenta, desesperadamente, contenção e autonomia.

A insuficiência do modelo da psicose para pensar a loucura

Ser
Da neve no fogo um só ardor.
(Eugênio de Andrade)

No seminário *As psicoses,* Lacan fala das diferenças radicais entre o que se passa com Schreber e com São João da Cruz: "Ora, não há absolutamente nada de comum entre a ênfase que nos é dada de um lado e do outro. Eu diria mesmo que, a respeito do menor testemunho de uma experiência religiosa autêntica, vocês verão toda a diferença" (Lacan, 1955-1956/1985a, p. 96).

No que diz respeito às experiências místicas, o debate de Freud com Romain Rolland introduz o tema do sentimento oceânico. No *Mal-estar na civilização*, o autor interpreta essa experiência como ligada ao sentimento de união com o ilimitado, herdeiro da vivência infantil anterior à separação clara entre o Eu e o mundo externo.

Em 1938 (2014, p. 206), Freud volta a falar da experiência mística como uma "obscura autopercepção do reino exterior ao Eu, do Isso". Estamos, portanto, no território da continuidade e comunhão, do pulsional não recalcado, sem diferenciação afeto-representação.

O trabalho de representação, por mais elaborado que possa ser, jamais seria capaz de abarcar todo o caldeirão pulsional, realizar uma apropriação exaustiva dessa matéria até seu esgotamento completo. Há sempre um resto. É o que justifica a interpretação nada cartesiana de Lacan (1988) da sentença freudiana *Wo Es war, soll Ich werden:*

onde *Isso* estava, *Eu* devo advir. O trabalho de subjetivação das manifestações pulsionais está longe de objetivar a assunção de um Eu capaz de ocupar todo o espaço. A insuficiência do recalque marca o pulsional, cuja força não será jamais completamente domesticada, razão pela qual a loucura humana é inextirpável.

A experiência-limite ameaçadora do transbordamento das fronteiras comparece na clínica e pede uma escuta particular, que não a confunda com psicose. Os que saem de si nos diferentes exemplos aqui expostos - na loucura conjugal, na crise pseudoepiléptica, ou na entrega mística - não estão psicóticos. Pensá-los nesse modelo não nos ajuda a alcançar o paciente, nem tampouco nos habilita a saber mais de psicose. É verdade que, nesses momentos, eles estão tomados por uma imensidão passional indomada, e essa loucura pede reconhecimento.

Joyce McDougall (1978/1991; 1982/2015; 1989/2018; 1995/1997) ousou escutar a sexualidade arcaica nos fenômenos-limite de seus pacientes e, assim, pôde acompanhar modalidades de pensamento insuspeitos revelados no corpo, nas manifestações psicossomáticas e na sexualidade aditiva. Foi o que também desenvolveu André Green (2017a) em *A psicanálise e o pensamento habitual*, quando concebeu lógicas diversas para os sofrimentos-limite e neuróticos. Nos casos-limite, o analista precisaria estar especialmente sensível às lógicas da desesperança, do desespero e da indiferença, mais impregnadas das moções pulsionais do Isso, e articulá-las ao erótico arcaico e a seus lutos não realizados.

Green (2017b/1980) considerou que os casos de pacientes cuja ausência dos mecanismos clássicos impedia o psicanalista de dispor das ferramentas teóricas derivadas da experiência com a neurose teriam levado parte do movimento psicanalítico a recorrer ao modelo do núcleo psicótico. Para ele, uma falsa solução para um problema verdadeiro. Seria um abuso do termo equivaler a experiência psicótica àquelas com as quais lidava cada vez mais em sua clínica, ou equivaler mecanismos precoces à psicose.

A solução foi oferecer a noção de "loucura privada", revelação da transferência-limite, que apontava um núcleo incestuoso primário inelutável - passional - pulsante e provocador de estados de indiscriminação afeto-representação. Estados capazes de desorganizar limites, situação particularmente assustadora para quem as fronteiras precisam estar constantemente vigiadas.

Na clínica-limite, a constelação defensiva e o jogo entre Eros e pulsão destrutiva não desbancam para a psicose, as turbulências e suas contraforças denotam outra tendência. A ameaça de mistura com o outro e de inundação torrencial da malha representativa por intensidades indica uma insuficiente organização da estrutura narcísica primária que tenta se recompor. A falha na estruturação da rede de investimento no Eu (estrutura enquadrante do narcisismo primário) impede a separação suficientemente estável do objeto primário e promove sofrimentos narcísicos importantes.

O afeto - significante da carne (Green, 1973/1982) e representante da paixão (Green, 1980) – testemunha uma história pulsional e pode se apresentar suficientemente ligado às representações, funcionando na cadeia representativa. Pode também romper barragens, inundar e governar, derramamento pulsional que consegue conquistar o Eu com a força do Isso, num predomínio da pulsão pouco articulada. Nesse caso, o Eu se torna a tal ponto afetado que perde partes de suas funções.

> *O afeto, então, pode fazer cair a cadeia do discurso na não-discursividade, no indizível. O afeto é identificado, assim, com o investimento torrencial que rompe os diques do recalque, submerge as capacidades de ligação e de domínio do Eu. Torna-se paixão cega e surda. (Green, 2010a/2002, p. 189; tradução nossa)*

Essa é a experiência da loucura, atropelo do Eu por toda essa comoção:

> *O afeto de pura violência atua esta violência reduzindo o Eu à pura impotência, obrigando-o a aderir plenamente à sua força, subjugando-o com a fascinação de seu poder. O afeto está encurralado entre seu encadeamento no discurso e a ruptura da cadeia, que devolve ao Id sua potência original. (Green, 2010a/2002, p. 189; tradução nossa)*

A noção de loucura pode ser pensada, então, como ligada à tomada do Eu pela paixão e permite acompanhar os sofrimentos narcísicos sem desvinculá-los do sexual. Uma maneira de conceber o psiquismo intrinsecamente articulado às forças pulsionais em jogo desde os encontros primários e capazes de obscurecer o juízo, tornando-nos pontualmente loucos. No pulsional erótico mais bruto, está a comoção nem sempre reconhecida como erótica por quem experimenta, que agita o corpo com pouca mediação.

Dramatizada de modo deslocado em relações conflitivas com outras figuras, o analista reconhece em transferência a *loucura privada*: o sujeito preso a uma demanda amorosa ainda dirigida a objetos parentais, luto interminável que o mantém sequestrado em relações nas quais o analista pressente conflitos mantenedores de um nó de fusão insuperável.

No caso da psicose a situação é outra. Embora por vezes confundida com um inconsciente a céu aberto, a psicose não é falta de trabalho do negativo, e sim reflexo de toda uma constelação que envolve um modo de negativação próprio passível de retornar alucinatoriamente. O delírio, entendido por Freud (1924) como uma tentativa de cura, busca remendar a ruptura e fragmentação operadas pela destrutividade com uma interpretação que relança laços com o mundo na neorrealidade. Ele é parte de um conjunto de elementos positivos e negativos dinamicamente desestruturantes que organizam certa posição do Eu frente às falhas graves da estrutura narcísica primária. Uma especificidade que se perde na ideia geral de núcleo psicótico, razão pela qual convém recorrermos a uma expressão específica para abordar a vivência episódica humana de ser tomada por uma intensidade que não cabe em si (loucura) e outra expressão para quando a modalidade transferencial insiste em apontar um paradoxal núcleo secreto de paixão (loucura privada). Sob essa perspectiva, é a loucura primária (uma condição compartilhada entre o bebê e seu objeto primordial), e não a psicose, o que caracteriza o humano, e a preservação secreta e inelutável dessa loucura, que organiza uma estrutura limite, é o que pode ser denominada "loucura privada".

Quando trabalha o complexo da mãe morta ou o caso Gabriel, por exemplo, Green (1980/1988; 2010b/2002) não identifica ali a psicose, mas um núcleo de paixão, protegida pelo gelo ou pela dispersão fóbica central. Esse fulcro erótico guardado por mecanismos de defesa paradoxais se revela no traço persistente de certas transferências que indicam inelutável fixação sobre um objeto elevado à condição de único e insubstituível. Sejam as fantasias vampíricas do complexo da mãe morta, seja a comunicação secreta de Gabriel com a mãe, se não acessadas, impediriam a retomada do trabalho de luto detido em seu curso.

Embora a dimensão destrutiva mortífera que se revela nas situações-limite tente ser capturada pelo termo "psicose", o jogo com o polo gravitacional erótico que a acompanha escapa a essa designação. Ao lado dos mecanismos defensivos radicais, existe a ligação inelutável cuja elaboração é parte fundamental da análise e, nesse caso, a nomeação metapsicológica adequada ressalta uma perspectiva clínica que transforma a direção da prática.

Devir louco é um potencial intrínseco a todo erotismo, cuja grandiosidade pode submergir o Eu em um magma implacável. Conservar a diferenciação entre loucura, loucura privada e psicose é essencial para uma escuta mais ampla e complementar, capaz de captar tanto o erótico como a destrutividade radical, desobjetalizante. Esse repertório se expande com a recuperação da noção de loucura e com a exploração do terreno do negativo, que, pensados lado a lado, favorecem a escuta nos confins da analisabilidade, nas queimaduras por fogo ou por gelo, por combustão ou por falta de calor.

Referências

Andrade, E. (1964). *Ostinato Rigore*. Assirio & Alvim.

Aulagnier, P. (1979). *A violência da interpretação*. (Trabalho original publicado em 1975)

Aulagnier, P. (1985). *Os destinos do prazer: alienação, amor, paixão* (M. V. A. A. Gervaiseau & M. C. Pellegrino, Trads.). Imago. (Trabalho original publicado em 1979)

Azevedo, B. (2011). *Crise pseudoepiléptica: corpo, histeria e dor psíquica*. Pearson.

Barthes, R. (1991). *Fragmentos de um discurso amoroso*. Editora Unesp.

Bataille, G. (2013). *A parte maldita: precedida de "A noção de dispêndio"*. Autêntica.

Bataille, G. (2020). *O erotismo*. Autêntica. (Trabalho original publicado em 1987)

Bion, W. (1994a). A diferenciação entre a personalidade psicótica e não-psicótica. In *Estudos psicanalíticos revisados*. Imago. (Trabalho original publicado em 1957)

Bion, W. (1994b). Ataques aos elos de ligação. In *Estudos psicanalíticos revisados*. Imago. (Trabalho original publicado em 1957)

Ferenczi, S. (1990). *Thalassa: ensaio sobre a teoria da genitalidade*. Martins Fontes. (Trabalho original publicado em 1924)

Foucault, M. (2019). *História da loucura na Idade Clássica*. Perspectiva. (Trabalho original publicado em 1972)

Frayze-Pereira (1984). *O que é loucura*. Brasiliense.

Freud, S. (1911). Para observações psicanalíticas sobre um caso de paranoia relatado em autobiografia ("O caso Schreber").

Freud, S. (1924). Neurose e psicose. In Sigmund Freud, *Obras incompletas de Sigmund Freud. Neurose, psicose, perversão*. Autêntica.

Freud, S. (1925). A negação. In Sigmund Freud, *Obras incompletas de Sigmund Freud. Neurose, psicose, perversão*. Autêntica.

Freud, S. (1976). O mal-estar na civilização. In *Obras psicológicas completas de Sigmund Freud*, Vol. XXI (pp. 75-174). Imago. (Texto original publicado em 1930)

Freud, S. (2014). Resultados, ideias e problemas. In P. H. Tavares (Trad.), *Obras incompletas de Sigmund Freud*. Autêntica. (Trabalho original publicado em 1938)

Green, A. (1980). Passions et destins des passions. In Pontalis, J-B. La Passion, *Nouvelle Revue de Psychanalyse*, n. 21. Gallimard.

Green, A. (1982). *O discurso vivo: uma teoria psicanalítica do afeto*. Francisco Alves. (Trabalho original publicado em 1973)

Green, A. (1988). A mãe morta. In A. Green, *Narcisismo de vida, Narcisismo de morte*. Escuta. (Trabalho original publicado em 1980)

Green, A. (2017a). A psicanálise e o pensamento habitual. In A. Green, *A loucura privada*. Escuta. (Trabalho original publicado em 1979)

Green, A. (2017b). Paixões e destino das paixões. In A. Green, *A loucura privada*. Escuta. (Trabalho original publicado em 1980)

Green, A. (2010a). Sobre la discriminación y la indiscriminación afecto-representación. In A. Green, *El pensamiento clínico*. Amorrortu. (Trabalho original publicado em 2002)

Green, A. (2010b). La posición fóbica central. Con un modelo de la asociación libre. In A. Green, *El pensamiento clínico*. Amorrortu. (Trabalho original publicado em 2002)

Green, A. (2021). A sexualidade nas estruturas não neuróticas ontem e hoje. In *Jornal de Psicanálise*, 54(100), 189-210. (Trabalho original publicado em 1996)

Klein, M. (1946). Notas sobre alguns mecanismos esquizoides. In M. Klein, *Inveja e gratidão e outros trabalhos* (1946-1963). (B. H. Mandelbaum, Trad.). Imago.

Lacan, J. (1985a). *O seminário, livro 3: as psicoses*. Zahar (Trabalho originalmente escrito em 1955-1956)

Lacan, J. (1985b). *O seminário, livro 20: mais ainda*. Zahar. (Trabalho originalmente escrito em 1972-1973)

Lacan, J. (1987). *Da psicose paranoica em suas relações com a personalidade*. Forense Universitária. (Trabalho original publicado em 1932)

Lacan, J. (1988). *O seminário, livro 7: a ética da psicanálise*. Zahar.

Lacan, J. (1998). De uma questão preliminar a todo tratamento possível da psicose. In V. Ribeiro (Trad.), *Escritos* (pp. 537-590). Zahar.

Mc Dougall, J. (1991). *Em defesa de uma certa anormalidade: teoria e clínica psicanalítica*. Artes Médicas. (Trabalho original publicado em 1978)

McDougall, J. (1997). *As múltiplas faces de Eros: uma exploração psicanalítica da sexualidade humana*. Martins Fontes. (Trabalho original publicado em 1995)

McDougall, J. (2015). *Teatros do eu*. Zagodoni. (Trabalho original publicado em 1982)

McDougall, J. (2018). *Teatros do corpo*. Martins Fontes. (Trabalho original publicado em 1989)

Pessotti, I. (1999). *Os nomes da loucura*. Editora 34.

Pontalis, J-B. (1980). La passion. *Nouvelle Revue de Psychanalyse*, n. 21. Gallimard.

Schaffa, S. (2009). Medeia, o feminino. *J. Psicanal.*, Vol. 42, n. 76, pp. 51-64, jun. 2009.

Schreber, D. P. (2006). Memórias de um doente dos nervos (3a ed., M. Carone, Trad.). Paz e Terra.

Urribarri, F. (2022). *Por que Green?* Zagodoni.

Winnicott, D. W. (2021). *Tudo começa em casa* (P. C. Sandler, Trad.). Ubu Editora. (Trabalho original publicado em 1967)

3. Paixão e sofrimento: quando o objeto de desejo se transforma em objeto de necessidade[1]

"Por que é que aquilo que faz a felicidade do homem acaba sendo, igualmente, a fonte de suas desgraças?" (p. 40), pergunta-se o jovem Werther, na obra de Goethe. Annie Ernoux diz que a oportunidade de viver uma paixão é um verdadeiro luxo, mas quem lê seu livro, *Paixão simples*, percebe que é também *pathos*, sofrimento. Afeta. Perturba o circuito de investimento do Eu. Rosa Montero, autora de *O perigo de estar lúcida*, conta que, mesmo em seus momentos de luto intenso, como na morte do marido, conseguiu manter investimento em sua produção escrita. A única exceção acontecia quando estava apaixonada. Aí, nada mais lhe interessava.

O apaixonamento é fenômeno corriqueiro que, embora não patológico, remonta a experiências de entrega que vulnerabilizam e podem ser intensamente ameaçadoras quando as bases da sustentação narcísica primária se mostram fragilizadas.

Algumas cenas da clínica convocam a pensar a delicadeza dessa entrega.

---

1 Originalmente apresentado em conferência no ITIPOA em 09 de maio de 2025, em Porto Alegre.

Juan me procurou por questões amorosas: vinha de uma sucessão de relações nada comoventes. Uma história feita de encontros corretos, com parceiras adequadas, mas sem abalo ou tempestade. Tivera namoros, sim, mas nenhum que o fizesse perder o chão. Não se apaixonava, só elas, e isso era frustrante. Será que alguma vez nos seus quase 50 anos viveu uma paixão amorosa?, ele se perguntava. Só se lembra de ter se sentido arrebatado no primeiro amor, um tanto platônico, que o fez sonhar acordado por dias e abater-se fortemente quando nada deu certo. Depois disso, tudo se tornou plano. Seguiu vivendo, trabalhando, relacionando-se – mas os inícios, os meios e os fins se davam no mesmo tom morno.

Era um homem cuidadoso. Não queria ferir ninguém. A atual companheira, por exemplo, era alguém legal – e por isso, ele a advertira não saber do futuro. Como quem avisa amigo é, ele já anunciava não estar muito envolvido.

Da análise, queria saber se precisava mudar ou simplesmente aceitar seu modo de sentir – ou de não sentir. Estaria ele procurando sarna para se coçar? Perguntava-se. A propósito, embora tenha vindo para as sessões, não tinha certeza de que isso fosse para ele. Gostava de entender os processos, cresceu na vida sendo prático e executivo, essa conversa sem direção clara era meio perturbadora, como andar no escuro com os olhos abertos. Sim, um homem no impasse de querer se apaixonar sem perturbar sua estabilidade. Sua vida infantil lhe deu motivos para isso. Desgraças familiares deram provas contundentes da destruição resultante da cegueira pulsional irrefreada e do perigo de estar em condição de vulnerabilidade. Bem-sucedido na vida, organizou-se numa posição ativa pouco conciliável com a entrega à correnteza apaixonada. Seu modo próprio de responder ao horror à dependência protegia o narcisismo por meio de certa neutralização das intensidades. Pede por uma paixão como quem quer comprar um produto, sem poder mergulhar na experiência arriscada de se perder, de seguir as vísceras e atribuir a outro o poder de acessar área vulneráveis ao sofrimento.

A queixa de Juan contrasta com outra, diametralmente oposta: de Romeu. Ele chega para a primeira sessão com a companheira e comenta que ficou imaginando o que a analista pensaria disso. O que supôs que a analista poderia pensar? Que somos simbióticos, ele responde. A temática de sua análise já começava a se apresentar. Seu histórico amoroso não lhe dava trégua. Amava loucamente. Vivia estados de agonia. No casamento anterior, foi um absurdo conceber o término, doía como se lhe arrancassem a pátria, como se banido do único território no qual sabia viver. Assustou-se muito quando, ao perceber os interesses dela em outra direção, se ouviu dizer "se ela terminar comigo, eu morro". O colapso narcísico previsto foi mesmo estrondoso, quando a ruptura veio a acontecer. Naquele momento, como que numa falência da função de autocontenção, precisou dos padrinhos para sustentar alguma função calmante. Seria uma experiência similar a essa a que tão tenazmente o primeiro paciente evitava?

Todo e qualquer trabalho de subjetivação acontece num caldo cultural determinado e revela as íntimas conexões entre o subjetivo e o coletivo.

Slavoj Zizek (2017) apontou, na expressão *fall in love*, uma pista do motivo de ser essa uma experiência tão evitada na atual sociedade algorítmica neoliberal. Byung-Chul Han nomeia a nossa como uma sociedade do desempenho, em contraposição à sociedade disciplinar descrita por Foucault. Diferente do sujeito da obediência, disciplinado por proibições e deveres, a palavra que domina a lógica do desempenho seria "poder". O empresário de si mesmo se autoexplora, capturado pelo ideal de poder se aprimorar para alcançar o que quiser, mandato tão coercitivo, que faz cada sujeito se sentir responsável pessoalmente por suas impossibilidades interpretadas como fracassos: nada de fraquezas e vulnerabilidade, é preciso trabalhar o amor-próprio. O sociólogo Zygmunt Bauman aponta que os sujeitos estão transformados em mercadorias, continuamente aperfeiçoadas para se manterem vendáveis.

Essas observações sociológicas que podem parecer caricaturais não me interessam enquanto absolutas e fatalistas, mas como retratos de lógicas que operam ao lado de outras, produzindo subjetividades com marcas de seu tempo. Nem melhores nem piores, as diferentes culturas incidem de formas diversas nos modos de viver, sofrer e amar. O tecido psíquico, afinal, inclui o social desde os primeiros toques e trocas intersubjetivas, e não é indiferente habitar um mundo marcado pelo ideal sacrificial de amor romântico ou pelo da autonomia neoliberal.

A queda do Eu não só contraria os atuais valores culturais que exigem sobremaneira o narcisismo, como também, especialmente em certas organizações, pode representar um perigo a ser evitado a todo custo. Freud (1914) já dizia que, no apaixonamento, o investimento libidinal se desloca de tal monta para o objeto que o Eu fica diminuído, vulnerável às respostas que venham do outro. A posição do objeto, por si só, já é potencialmente traumática para o narcisismo, sendo o odiado e o objeto inicialmente idênticos. Nada mais impactante ao Eu que a derrota da autossuficiência narcísica: precisar sair de si para encontrar o que deseja. O outro, afinal, é descoberto no ódio, porque é descoberto quando se ausenta e faz sofrer: *Pathos*. Por sua alteridade, ele inevitavelmente desrespeita o ritmo do desejo, tem previsibilidade limitada e disponibilidade restrita, fazendo, assim, gritar a pulsão. Para se referir à bivalência dessa vivência junto ao outro é que Lacan (1985, p. 122) inventa o neologismo Amódio. O desamparo humano, justamente, está ligado à impossibilidade de sozinho ser capaz de realizar as ações específicas que atendem às demandas pulsionais. Esse despertar pulsional – das paixões – e também os contornos que as tornam suportáveis são frutos do trabalho junto ao objeto primário. Esse trabalho de um semelhante que, originalmente indiscriminado na experiência subjetiva, permitirá a construção de uma reserva de ilusão de onipotência sustentadora da aposta esperançosa de ser capaz de criar aquilo de que precisa e se encaminhar ao prazer (sem a qual o sujeito se des-espera). Os problemas relativos ao Eu não independem do pulsional. Freud (1933 [1932]) é claro quando diz que "o sentimento de inferioridade tem fortes raízes eróticas" (p. 71).

Desde o berço, o humano é habitado por uma sede difusa e insaciável. O erótico é lava que queima e acende. Não chega à existência como um sopro calmo – ele irrompe como uma erupção vulcânica primeira, numa experiência de corpo vivido em pedaços. O ser recém-chegado ao mundo é lançado nos braços de uma força que o excede e, nessa vertigem inaugural, em que pele encontra pele, desenha-se o traço mais antigo da paixão. Arde num campo de intensidades, onde desejo e desamparo se entrelaçam em labaredas confusas, apenas moderadas com a intervenção alheia. Essa relação, assimétrica, é origem da paixão.

Aquele que toca, embala e se ausenta é, ao mesmo tempo, chama e contenção. Seu gesto não só acende o fogo, mas ensina a sobreviver a ele e inaugurar uma função autocalmante. Porque se apaixonar, no fundo, é suportar o calor que ameaça derreter as formas do Eu. Ao lado da paixão, caminha sempre a loucura. Quando o laço resiste ao incêndio, a alma encontra morada. Mas se, sem contorno, o fogo consome sem trégua, o desespero pode levar a estratégias paradoxais para sobreviver psiquicamente.

Estamos no terreno da loucura que acompanha a emergência do humano, nascido do erótico primordial em permanente tensão com as pulsões destrutivas.

Entre o excesso e a ligação, nascem o psíquico, o pensamento, a representação, os limites. George Bataille (2023 (1987) diz que a paixão tende à fusão, justamente à supressão dos limites. "Nessa mistura, um dispêndio louco, incontrolável e improdutivo, que extermina as descontinuidades" (Azevedo, 2025, p. 57). Bataille (2013) fala em gasto improdutivo, o excesso não se presta a parâmetros utilitários, não pode ser totalmente cooptado por relações produtivas. As fantasias inconscientes que, na neurose, costuram algum continente para o excesso, dão um contorno sempre mais ou menos precário à imensidão pulsional.

O mergulho em uma fantasia de fusão pode ser profundamente desestabilizador. Há sempre o risco de despertar forças desorganizadoras, que ameaçam rasgar os limites do Eu que, uma vez arrebatado e rendido pela paixão, está sujeito a se deixar dominar por sua força, revelando uma doma precária e instável do pulsional.

Quando o encontro primário não é apenas potencialmente traumático, mas realiza essa possibilidade, as margens discriminatórias que compõem os limites encontrarão dificuldades para operar. O traumático primário imporá obstáculos significativos à instauração de um campo transicional, e o espaço psíquico do Eu acabará tomado por um objeto inelutável, nem perdido nem introjetado. Preso a esse núcleo incestuoso de paixão, não suficientemente transformado pelo recalque, o sujeito se vê cativo de uma forma de loucura privada, típica da não neurose. Duplo conflito (Green, 1980/2017a e Green 1982/2017b) do Eu que, além de batalhar com suas próprias pulsões, também atua contra as pulsões não elaboradas pelo objeto primário. Na ausência de um luto suficientemente bom que possibilitasse a alucinação negativa desse objeto com função estruturante, ele permanece ocupando excessivamente o espaço psíquico, submetendo o sujeito a uma luta contínua pela retomada de seu próprio território não garantido por uma terceiridade que ofereça suficiente mediação. Entrar ou sair de um estado de enamoramento, nesses casos, pode ser muito delicado. As vicissitudes da subjetivação de diferentes qualidades de encontros primários – somadas às diversas possibilidades de soluções psíquicas naquele corpo e momento histórico-social determinados – estabelecem as singularidades manifestas na clínica.

Entre a urgência de socorro alheio e a função de autocontenção, há de intervir uma série de processos intermediários. A falha na constituição da rede de investimentos no Eu – estrutura de sustentação do narcisismo primário – compromete a possibilidade de uma separação primária suficientemente estável e de um bom funcionamento dos processos terciários. Isso resulta em significativos sofrimentos narcísicos e em tentativas desesperadas de restaurar a integridade da estrutura narcísica: condições propícias ao passional.

Na cena analítica, a dinâmica transferencial apresenta roteiros e personagens psíquicos, mas também a dimensão pulsional da força – *Drang* –, que quando desarticulada e transformada em coação e imperativo interno, resulta na fissura desesperada característica do passional, revelador da agonia vivida na falta.

As transferências passionais e as soluções paradoxais acionadas como defesas contra o risco de enlouquecimento emergem nas múltiplas dimensões do trabalho analítico e exigem escuta sensível. O amansar pulsional é sempre relativo, e quando bolsões incestuosos da "loucura privada" são alimentados em segredo, eles terão ocasião para revelar suas forças em sessão.

Encenada com figuras substitutivas, a transferência deixa entrever um sujeito cativo de uma demanda amorosa ainda voltada aos objetos parentais – luto sem fim, que o mantém atado a laços de fusão indissolúvel e também às defesas radicais erigidas para a manutenção dessa solução.

O analista convocado pela transferência passional precisa encontrar formas de sustentar seu lugar sem deixar o processo analítico ser consumido por ela. Sem correspondência no mundo das relações cotidianas, sua posição precisa considerar a advertência contida na anedota freudiana sobre o corretor de seguros moribundo e o religioso que, chamado pelos familiares para tentar pela última vez uma conversão, sai do leito de morte do corretor enfermo sem uma confissão, mas tendo adquirido um seguro de vida. A oportunidade analítica pode se converter em pura repetição se o analista não encontrar em sua perlaboração contratransferencial uma forma de transformação utilizável a favor do processo. Um esforço de intenso trabalho psíquico do psicanalista que nos conta da medida de labor psíquico que cabe ao paciente com suas paixões.

Quando as áreas de transformação-limite não operam bem, o afeto tende a transbordar, rompendo barreiras, inundando e assumindo o controle – um derramamento pulsional que subjuga o Eu com a força do Isso. Tomado por tal comoção, o Eu se reduz à impotência, perdendo parcialmente suas funções.

As defesas mobilizadas podem endurecer e insensibilizar o sujeito aos arrebatamentos, como em Juan, que, com horror à dependência, se protege da vulnerabilidade e mistura com uma espécie de armadura. Ou, ao contrário, revelar um desejo intenso de dissolver toda separação – tudo ou nada – como em Romeu. Em ambos os casos, o impacto da alteridade sobre um narcisismo ferido clama por alívio.

A fragilização envolvida na redistribuição libidinal do apaixonamento ajuda-nos a compreender a delicadeza dessa condição. Apassivado pelo pulsional desmedido e com a estabilidade deslocada para o que escapa ao próprio controle, o Eu sofre a falta de um objeto cuja perda não admite substituição, fazendo emergir a força incivilizada que habita seu íntimo.

Piera Aulagnier (1979) percebeu que, na paixão, o objeto de desejo se transforma em objeto de necessidade. A autora guarda o termo para se referir aos vínculos assimétricos, tal como a dependência de drogas, quando um poder desigual de fazer sofrer é atribuído ao objeto, idealizado.

Joyce McDougall (1982/1992) fala de pessoas utilizadas como drogas, também sublinhando a dependência envolvida e relacionada a uma tentativa de compensar, com um objeto transitório, as falhas na instauração do transicional. Enfiado para obturar a falta, o objeto é chamado a preencher a função transicional quando a ausência não se constituiu estruturalmente bem psiquicamente.

O reconhecimento da potência do objeto para abalar a organização psíquica e lançar o Eu em estados de desespero abre, como se vê, horizontes de escuta.

O universo inteiro

Voltemos aos tempestuosos sofrimentos do jovem Werther, de Goethe, que, apaixonado por Carlota, a prometida de outro homem, contorceu-se em agonia pelo amor impossível e acabou por encerrar o sofrimento tirando a própria vida.

Era o início do romantismo alemão, e a voz do desventurado Werther nos possibilita acompanhar a entrega passional que leva alguém a cair do verão ensolarado, ao inverno interminável. Em carta ao amigo, assim que conheceu a amada, ele escreveu: "Deixei-a, então, pedindo que me permitisse ir vê-la naquele mesmo dia. Ela consentiu e eu voltei. A partir desse momento, o sol, a lua e as estrelas podem continuar a brilhar, sem que eu dê por isso. Não sei mais se faz dia ou noite; o universo inteiro não mais existe para mim" (p. 19). Mais tarde, desiludido, viria a escrever: "O intenso sentimento do meu coração pela natureza em seu esplendor, sentimento que tanto me deliciava, transformando em paraíso o mundo que me cerca, tornou-se para mim um tormento intolerável, um fantasma que me tortura e persegue" (p. 40). "Ai de mim! Quando, ainda mal desperto, a procuro ao meu lado, tateando, e, ao fazê-lo, arregalo completamente os olhos à realidade, uma torrente de lágrimas não pode mais ser contida pelo meu coração esmagado. Choro, contemplando cheio de amargura o sombrio futuro que me aguarda" (p. 41). "Sou muitíssimo desgraçado, Wahlheim! Minhas faculdades perderam o equilíbrio, dando lugar a um misto de indolência e agitação. Não posso ficar desocupado e, no entanto, nada posso fazer. Não tenho mais imaginação, nem sentimento de natureza, e os livros só me inspiram tédio" (p. 42). "É coisa resolvida, Carlota: quero morrer. Escrevo-lhe isso tranquilamente, sem exaltação romanesca, na manhã do dia em que a verei pela última vez. Quando você ler essa carta, minha bem-amada, o túmulo frio cobrirá os restos enregelados do infeliz, de espírito inquieto, que não sabe mais doce emprego a fazer dos seus últimos momentos de vida senão entretê-los com aquela a quem tanto amou. Passei uma noite terrível – mas também, ai de mim, uma noite benfazeja –, que fortaleceu, fixou a minha resolução: quero morrer!" (p. 89).

Eis aí, o desfecho trágico de um objeto de desejo transformado em objeto de necessidade narcísica primária. Tornado vital para a continuidade da existência, único capaz de dar sentido à vida. Tão indispensável ao alívio da agonia, quando colapsam os recursos de autoinvestimento e autocontenção, que sua ausência torna insuportável o intervalo, tempo de espera saturado de aflição. Uma perda inelutável que arrasta consigo também a capacidade de amar. Por sorte, não são todas assim, a maioria de nós sobrevive a essa tormenta, sem deixar ruir as bases de seu narcisismo.

Na força avassaladora que pode dissolver as bordas do Eu e lançá-lo em um campo incandescente e perturbador, o psicanalista contemporâneo reconhece o potencial de loucura no cerne do erótico, entendimento que alarga o alcance analítico dos que se aventuram pelos diferentes modos de simbolização. O resgate da loucura como categoria de pensamento clínico e a aventura pelos domínios do negativo, quando articulados, alargam o alcance analítico nos estados limites do analisável.

Se a experiência de se perder no outro e de se sentir vulnerável faz parte do apaixonamento, por que, então, seria ela considerada um luxo? Talvez porque, ao evocar, em cada sujeito, suas vivências primárias de entrega e fascínio, encontre marcas muitos diferentes, fazendo-se sentir de forma distinta em cada um. Vivacidade desfrutada ou temida? Idealização encantadora ou maldita? Fonte de esperança ou desespero? O apaixonar-se tem potencial para despertar tanto um sentimento oceânico de prazerosa comunhão como um desamparo angustiante e insuportável, produtor do desespero de quem se sabe na véspera de um despencar vertiginoso. Temos, então, a Psicanálise para acompanhar todas essas dimensões e para encenar, em seu palco, as tempestades que merecem elaboração.

Referências

Aulagnier, P. (1985). *Os destinos do prazer: alienação, amor, paixão* (M. V. A. A. Gervaiseau & M. C. Pellegrino, Trads.). Imago. (Trabalho original publicado em 1979)

Azevedo, B. (2025). Sobre os benefícios de diferenciar loucura e psicose. In. B. Azevedo, *Paixão e loucura nos limites da clínica psicanálitica*. Blücher.

Bataille, G. (2013). *A parte maldita: precedida de "A noção de dispêndio"*. Autêntica.

Bataille, G. (2023). *O erotismo*. Autêntica. (Trabalho original publicado em 1987)

Bauman, Z. (2008). *Vida para consumo: a transformação das pessoas em mercadoria*. Zahar.

Ernaux, A. (2023). *Paixão simples* (M. Garcia, Trad.). Fósforo. (Trabalho original publicado em 1991)

Freud, S. (2006). Conferência XXXI – A dissecção da personalidade psíquica. *Edição Standard Brasileira das Obras Completas de Sigmund Freud*. Imago. (Trabalho original publicado em 1933 [1932])

Freud, S. (2010c). Introdução ao narcisismo. In S. Freud, *Obras completas* (P. C. Souza, Trad., Vol. 12). Companhia das Letras. (Trabalho original publicado em 1914)

Goethe, J. (2014). *Os sofrimentos do jovem Werther*. Martin Claret. (Trabalho original publicado em 1774)

Green, A. (2017a). Paixões e destinos das paixões. In A. Green, *A loucura privada: psicanálise de casos-limite* (M. Gambini, Trad., pp. 137-182). Escuta. (Trabalho original publicado em 1980)

Green, A. (2017b). O duplo conflito. In A. Green, *A loucura privada: psicanálise de casos-limite*. Escuta. (Trabalho original publicado em 1982)

Han, B.-C. (2017a). *Sociedade do cansaço*. Vozes. (Trabalho original publicado em 2010)

Han, B.-C. (2017b). *Agonia de Eros*. Vozes.

Lacan, J. (1985). O seminário. Livro 20. Mais, ainda. (1972-1973). Jorge Zahar.

McDougall, J. (1992). *Teatros do eu* (P. H. B. Rondon, Trad.). Francisco Alves. (Trabalho original publicado em 1982)

Montero, R. (2023). *O perigo de estar lúcida*. Todavia.

Žižek, S. (2017, 15 de março). *Žižek: our fear of falling in love* [vídeo Zizek Comedy]. YouTube. https://youtu.be/rrxk2WzrE14.

4. A captura no circuito da dor: um desafio clínico[1]

Porque quando a dor cai sobre você sem paliativos,
a primeira coisa que ela lhe arranca é a palavra.

(Rosa Montero)

Luna[2] chega ao consultório dizendo que devia ter tomado seu "sossega-leão" para angústia, mas se assim o fizesse não conseguiria vir à sessão. Na verdade, ainda devia tomá-lo. "Espera!", diz ela segurando-se à cadeira, quase sem respirar. Ficamos as duas em suspensão aguardando que sua respiração voltasse ao normal. "Acho que passou… Não, espera!" Novamente a vejo contrair-se e sua respiração acelerar. Seu olhar apreensivo busca, nos cantos da sala, algum socorro. Acompanho esse vai e vem de sensações dolorosas que ocupam quase toda a sessão e vejo-me sentada com o tronco para a frente em sua direção, apoiada em meus joelhos, tentando captar algo do que ela pudesse estar vivendo. Ocorre-me a ideia de que devia ser como um trabalho de parto, só era preciso sobreviver mais um pouco às

1 Trabalho publicado na *Revista Brasileira de Psicanálise*, Vol. 55, n. 2, 61-72; 2021.

2 Os dados clínicos foram ficcionalizados para proteger a confidencialidade.

contrações que tendiam à expulsão. Retenho esse pensamento; ele me ajuda a estar com ela. "Eu preciso parar de pensar", ela diz. "O que você está pensando?", eu pergunto. "Não sei".

E ela não sabia. É a mesma jovem que me contava de brigas violentas com a mãe sem saber dizer o tema em torno do qual girava o conflito; ou que, em meio ao caos interno provocado por invasões externas, acalmava-se usando a lâmina que fazia brotar do seu corpo o sangue e a dor.

— Nossa! O que foi isso? Deve ter sido angústia, pois ansiedade eu sei que não foi — ela me diz ao fim da sessão.

— É? Como você sabe disso?

— Ah, se fosse ansiedade eu nunca suportaria ter ficado todo esse tempo sentindo... Que fome! Nem me lembro quando foi a última vez que tive fome. Há tempos só como por compulsão.

No início da sessão seguinte, ela me pergunta se conheço o *meme* da caveira. Mostra-me no celular uma caveira em que se lê: "Minha mãe esperando eu lhe dar um neto". Achou muito engraçado e apropriado para si mesma, já que sua mãe parece ainda não ter entendido que ela nunca namorará um menino nem engravidará. "Ui, eu nunca ia querer engravidar. Que agonia isso de ter alguém dentro de você!"

Digo a ela que, a propósito do que falava, ia contar um pensamento louco que tive naquela sessão da angústia. Ela dá uma gargalhada e diz que sou mesmo muito louca, mas que poderia me indicar uma psicanalista ótima que conhecia. O sobrenome era Azevedo.

"Bom, como você sabe, não vou engravidar nunca, a menos que sofra um abuso [bate três vezes na madeira]. E, nesse caso, faria um aborto."

Perpassa a análise com essa paciente, uma problemática clínica que implica um desafio de trabalhar em torno do que não pode ser tocado, do que insiste em não alcançar palavras e resiste às aproximações das conflitivas mais diretamente. Um refúgio que se faz cárcere e, diante do qual, a analista se vê, muitas vezes, sem licença ou espaço de ação.

Pierre Fédida (1981/1988) propunha que o pensar metapsicológico é o que permite que o fazer analítico não resvale para o misticismo ou para o empirismo. Em situações clínicas como as vividas com Luna, nas quais as vias de acesso, por vezes, passam por um trabalho psíquico do analista, essa busca de sustentação recobra ainda maior valor.

Em outra ocasião (Azevedo, 2017), eu me propus a pesquisar mais amplamente o mal-estar diante dessas dificuldades do trabalho representativo no interior do enquadre analítico e os meios de que dispomos para enfrentá-las, de maneira a fundamentar intervenções clínicas nas quais a implicação maior do analista e a instauração de um jogo prazeroso em sessão ocupa um papel fundamental no relançar do movimento da análise.

No presente trabalho, gostaria de circunscrever um aspecto lá nomeado, mas não suficientemente desenvolvido, inquietante com essa paciente, mas não só com ela, que proponho recortar como "a captura no circuito da dor".

Ainda que houvesse momentos de encontro como o que acabo de descrever, essa análise era marcada por situações de inacessibilidade intensa, seja pelas faltas da paciente, seja por seu fechamento em sessão, quem sabe comparáveis a suas experiências infantis de excitação e descontinuidade. Antes que ela tivesse completado 3 anos de vida, os pais viveram uma separação conturbada, e ela passou longos períodos sem ver a mãe, rupturas estas intercaladas por aproximações repletas de brigas intensas. Numa dessas situações, escutou com força de verdade a mãe enfurecida dizer: "Eu queria que você morresse" – desejo de morte cuja silhueta vê reaparecer em uma briga corporal na qual se sentiu fisicamente ameaçada. As ideias intrusivas de se jogar nos trilhos do metrô foram o motivo de recorrer ao que chamou de "sossega-leão", que lhe interrompesse uma tendência impulsiva ao ato.

Não é sem dificuldade que chego a articular essa narrativa tecida de retalhos vindos de maneira dispersa e fragmentária. Ainda que houvesse uma ligação forte com a figura da analista, com relação ao trabalho analítico em si, era como se precisássemos trabalhar aparentando não estar trabalhando, em certa ação clandestina, como se ela pouco aguentasse pensar ou dar espessura a seus conflitos psíquicos – no limite, como se ela não pudesse nem bem assumir que queria estar ali. Sua postura entrincheirada dava mostras de uma tal relação com o saber (de si) que ameaçava condenar sua vida psíquica ao exílio. Ainda eram necessárias as condições para a inclusão do prazer de ter vida psíquica.

Luna sabia dizer exatamente por que não dera continuidade a nenhuma análise até aquele momento: "Não suporto analista que faz cara de analista, que faz 'Hum' e parece estar analisando tudo com sua prancheta". Não era tolerável olhar de frente para o que doía, atribuindo-lhe a seriedade que merecia, e uma atitude mais silenciosa parecia fazê-la sentir os analistas como distantes e críticos. Entendi que havia uma sabedoria na advertência que a paciente trazia, uma orientação a ser escutada e levada em consideração no manejo: tocar, atribuir espessura, juntar os retalhos envolveria a delicadeza de saber que isso implicaria dor. Refugiada em uma tentativa de inativar o traumático, temia a desmesura do que o acesso poderia ativar. A aproximação seria, portanto, indireta, abordando o aparentemente corriqueiro e aproveitando as aberturas de fronteiras para alcançar formas suficientemente dizíveis do desmedido.

Dor

A "dor" já era um tema de Freud desde os primórdios da Psicanálise e, ainda que ele tenha voltado a abordá-la em diversos textos até o final de sua obra, enquanto conceito, ela nem sempre contou com a atenção e a atribuição de relevância que merece, não tendo recebido um verbete próprio no *Vocabulário da psicanálise*, de Laplanche e Pontalis, nem no *Dicionário de psicanálise*, de Roudinesco e Plon, por exemplo.

Em seu "Projeto" (1950[1895]/2001e), Freud apresenta, ao lado da "vivência de satisfação", a "vivência de dor" (*Schmerzerlebnis*), menos lembrada como experiência paradigmática a marcar o psiquismo, mas que pode ser resgatada para pensar os circuitos de fuga em que vemos capturados alguns pacientes.

Verificamos, no *Projeto*, a articulação entre a ação específica e a vivência de satisfação. Tal ação específica, destaca Freud, não pode ser realizada pelo próprio bebê, que precisa do auxílio vindo de fora do sistema para apaziguar suas urgências de vida, *Not des Lebens*, associadas ao que chamará *Hilflosigkeit*, o estado de desamparo próprio do humano.

> *O organismo humano é, a princípio, incapaz de levar a cabo a ação específica. Ela sobrevém mediante ajuda alheia (Nebenmensch): pela descarga sobre o caminho da alteração interior (por exemplo, pelo berro do bebê), um indivíduo experiente volta sua atenção para um estado infantil. (p. 362)*

Outro significativo, o *Nebenmensch*, convocado pelo grito da criança em estado de desamparo, vem a seu encontro, e, desse encontro, registram-se marcas, as marcas da vivência de satisfação.

Com esses traços de memória registrados, deriva, dessa vivência, uma "facilitação", que, uma vez estabelecida, favorece certo "trilhamento" em ocasiões futuras. Ao voltar a receber quantidades ligadas ao estado de urgência, haverá, a partir das marcas deixadas pela vivência de satisfação, a ativação da imagem motora ligada à percepção, reconstruindo a presença do *objeto* com base numa alucinação.

Estamos em face do estabelecimento do funcionamento do aparelho psíquico em torno dessa experiência original, um funcionamento que, diante do que Freud chama "desejo", buscará reencontrar o objeto em cada experiência.

Uma vez estabelecido esse circuito de articulação (pela *Bahnung*),[3] podemos contar com um princípio de prazer a reger o psiquismo, com o reinvestimento de tais marcas e a busca por encontrar a satisfação alucinatória do desejo, num movimento que tende a um reencontro.

O que não está previsto, no texto freudiano, é que essa organização orientada pelo princípio de prazer é apenas uma possibilidade não garantida e que o encontro com o *Nebenmensch* possa ser sobretudo desencontro. Seria preciso aguardar *Além do princípio de prazer* (Freud, 1920/2001c) para que a dor fosse pensada no contexto dos fenômenos que colocam em xeque seu primado.

Ao lado dessa experiência de satisfação, Freud contempla aquele que diz ser o mais imperioso dos processos: "a dor". Capaz de capturar o psiquismo e orientar seus desdobramentos, a dor deriva da irrupção de grandes quantidades no psiquismo, num fracasso dos dispositivos (telas) de proteção. Seu efeito é tal como o de ser atingido por um raio, diz Freud (1950[1895]/2001e), de maneira que uma facilitação é criada entre a inclinação à descarga e a imagem mnêmica do objeto que excita a dor, e, se essa imagem, em algum momento, for reinvestida, despertará, como a original, a mesma tendência à fuga. Uma tal fuga parecia se reproduzir com Luna em sessão, com seu "Tá, tá", que indicava que mudássemos a direção. O sistema tem a mais decidida inclinação para fugir da dor e da imagem mnêmica hostil, orienta-nos Freud. É o que me ensina Luna, em outras palavras e atos.

Se a dor provoca aversão a manter investida a imagem mnêmica do objeto hostil, o estado de desejo, por sua vez, desperta uma atração, implicando uma reexcitação das marcas. Representam, portanto, direções/tendências contrárias. Quando determinado limite de dor é ultrapassado, diz Garcia-Roza (1998), esta é desorganizadora da economia psíquica, suspende as diferenciações, sendo, portanto, desdiferenciadora, em oposição à diferenciadora vivência de satisfação.

3 Facilitação.

Muito embora Freud se referisse, em 1895, à dor física, quando volta ao tema, em 1926, ele afirma que, com relação à dor psíquica, os processos são semelhantes. Criam as mesmas condições econômicas e produzem o mesmo estado de desamparo psíquico.

Escrito no mesmo ano do *Projeto*, o *Manuscrito G* (Freud, 2001b) traz as imagens de "hemorragia interna" e "furo no psíquico", promotores de transbordamento. Aqui, podemos encontrar um elo para considerar que, ainda que a dor psíquica não derive de uma lesão de órgão, é legítimo pensar em um rompimento operado no tecido psíquico, um furo, que não é falta, mas um buraco no psíquico.

Conceito articulado à prematuridade própria do humano e a sua consequente dependência de um Outro, o desamparo entra em cena na vivência de dor e sempre que sobrevém a urgência de se livrar da tensão ocasionada pelo excesso de excitação. É o que Freud retoma em *Além do princípio de prazer*, em que é capaz de extrair, da dor e do trauma, consequências impensáveis até então. A imperiosa tarefa de ligar as excitações se torna primária a qualquer busca de prazer, sendo a compulsão à repetição não orientada pelo prazer, mas pela atordoante tentativa de dominar o que inunda. O colapso econômico despertado pela inundação e os esforços para ligá-la dão provas do aspecto intrusivo e violento da experiência traumática. Dor e trauma, ainda que não sejam equivalentes, são abordados por Freud como invasões de maior ou menor extensão, cuja ruptura no para-excitação resulta numa comoção capaz de capturar o psiquismo nessa dominação.

Em *Inibição, sintoma e angústia* (1926/2001a), Freud volta a pensar o tema e, diferente do que vinha trabalhando em 1895 ou em 1920, introduz a dor ligada à perda do objeto, que equivale, inicialmente, à perda da percepção dele e transmuta-se, depois, na perda de seu amor.

O nexo entre a vivência de satisfação e a experiência junto ao outro significativo (*Nebenmensch*) é claro em Freud; mas no que diz respeito à dor, essa associação à experiência primária de encontro/desencontro não estava, até então, explicitada.

Embora a vivência de dor não seja privilégio apenas de alguns, representando uma experiência de que ninguém pode ser poupado, fica a questão sobre as situações de captura nesse circuito, capazes de (des)orientar áreas inteiras do psiquismo em lógicas pouco esclarecidas pela economia do prazer – situações clínicas nas quais a fuga da dor pode servir como modelo de escuta e manejo. Em que medida o masoquismo erógeno, tal como desenvolvido por Freud e retomado por Rosenberg (1991/2003) teria lugar nas construções de possibilidade de suportar a dor e permitir um trabalho? As investigações empreendidas pelos autores da chamada "Psicanálise contemporânea"[4] relançam essas vivências para o centro da discussão e oferecem-me fôlego para avançar na pesquisa.

O circuito pulsional do desligado

A compulsão à repetição é peça-chave para a mudança paradigmática de *Além do princípio de prazer* (Freud, 1920/2001c), que reconhece um modelo de funcionamento psíquico que não se vê esclarecido pelas concepções pulsionais até então formuladas. Os impasses clínicos ligados à reação terapêutica negativa e à melancolia levaram Freud a se reaproximar dos conceitos de trauma e dor e a movimentar sua teoria na direção de uma força além do princípio de prazer, que opera independentemente dele.

Freud nos lembra que o psiquismo não se organiza de antemão orientado por esse princípio; há condições prévias a essa configuração – a saber, a necessidade de ligação. Passam a ser reconhecidos e rastreados funcionamentos psíquicos que não respondem ao princípio

4 Essa expressão é utilizada, aqui, nos termos conceituais que propõe André Green, não se referindo a um adjetivo sinônimo de "atual".

de prazer, seja porque ele é momentaneamente posto fora de ação, seja porque não pôde se instituir como organizador do psiquismo. Há situações em que o "princípio de prazer fica paralisado, e o guardião da vida psíquica, por assim dizer, narcotizado" (Freud, 1924/2001d, p. 165).

O sonho, na neurose traumática, dá exemplos da repetição incansável sem transformação elaborativa, que não alcança cumprir o papel de realização de desejo até que a primeira tarefa de ligar possa ser realizada.

As moções pulsionais passam a ser pensadas, portanto, como com destinos possíveis, sendo a elaboração representativa apenas um deles. Os autores da Psicanálise contemporânea se caracterizam por terem tido de se debruçar sobre outras saídas para o representante psíquico da pulsão, que pode manifestar-se em ato, pela via alucinatória ou também no corpo, não apenas como conversão histérica, mas também em formas mais próximas do que Freud propunha como neurose atual.

São movimentos que deram lugar à segunda tópica freudiana, sem que a primeira tenha, por sua vez, se tornado obsoleta. A escuta do que está no campo psíquico, do que diz respeito ao desejo e suas representações, segue válida. Nem todo sonho é traumático, e nem todo sintoma é pura descarga. Nossa clínica diária dá provas disso. Mas alguns o são. E a disposição para escutar aquilo que engancha na cicatriz do trauma e reativa a dor estende o alcance da Psicanálise para cenários clínicos limites, como o que encontro junto a Luna.

Estamos num campo de excesso de intensidades que inunda o psíquico e põe de lado o princípio de prazer. Freud (1950[1895]/2001e) adiantava que as vivências de dor e desamparo podem atrair o psiquismo sem, à diferença da fixação de prazer, permitir substituições e deslocamentos. É de urgência que se trata e de áreas aparentemente inabordáveis, nas quais nos vemos sem a pálida ideia da justa palavra a enunciar quando a inclinação do paciente é desertar.

Green e Pontalis oferecem contribuições fundamentais para essas situações-limite que, metapsicologicamente, remetem ao que estou nomeando como "circuito da dor". Esses autores nos ajudam a descobrir que, em algumas ocasiões, o modelo da vivência de satisfação como organizador das repetições de prazer é substituído pelo da dor e traduz-se em fenômenos clínicos pouco simbolizados, que exigem trabalho psíquico do próprio analista para que o movimento representativo em sessão possa ser retomado.

Pontalis escreve *Entre o sonho e a dor* (1977/2005) sensibilizando seu leitor para esse gradiente de vivências que precisaríamos estar aptos a escutar. Se num polo está o sonho, "onde os anseios contraditórios da infância podem se realizar e ao mesmo tempo se oferecer à decifração", noutro está a dor, "que embaralha as fronteiras do corpo e da psique, do consciente e do inconsciente, do eu e do outro, do fora e do dentro" (p. 22).

O montante de intensidade que escapa à simbolização terá efeitos clínicos que precisarão ser manejados. Os vividos traumáticos, como sabemos, emergem na sessão, e há um valor de testemunho que a análise pode alcançar ao afirmar o que se passou nos termos cuja apresentação for possível. Esses momentos resistem ao efeito de desmentido e podem levar à retomada de um movimento simbolizante.

Com Luna, precisávamos historicizar o sumiço das faltas, os momentos de sossega-leão em suas diversas modalidades e as ocasiões de se cortar, bem como criar vias colaterais para metabolizar o excesso e ligar a dor a sentidos possíveis, na medida em que as condições de alguma contenção permitiam certo tempo para pensar o excesso de atual.

André Green (1975/1988a, 1977/1988b), ao estudar o vazio e os brancos de pensamento, percebe estar em jogo não só a existência do irrepresentado e do irrepresentável, mas também do desinvestimento do processo representativo como consequência possível do traumatismo primário. São áreas que funcionam como disco riscado; áreas destruídas do psíquico sem marcas mnêmicas disponíveis, cujas cicatrizes tendem a irromper nas sessões de maneira desavisada, na forma de acontecimentos atuais; áreas em que é preciso criar temporalidade psíquica ali onde entrevemos tempo morto; regiões em que se encontra um rasgo na malha representativa, um furo, o qual, se reinvestido, causa dor. Seria preciso paciência para criar costuras periféricas.

O que há de original nessa contribuição é pensar o trabalho do negativo contra o próprio processo de representação, proposta que tem implicações relevantes para o manejo clínico. Quando Green (1977/1988b) diz que o discurso do paciente-limite é como um colar de pérolas sem fio, seria preciso considerar que a falta de fio está determinada não apenas pela falta do nexo que pudesse ser oferecido pelo analista, mas também por uma defesa ativa do psiquismo, a fim de proteger as ilhas temáticas do efeito traumático de chegarem a se tocar.

Mas por que seria preciso lançar mão do mecanismo de desinvestimento direcionado à própria atividade representativa?

Porque o encontro com o objeto primário pode fazer falhar o que Freud tem como aposta de base no *Projeto*. Estamos diante do fracasso da vivência de satisfação. Em vez de marcas deixadas de satisfação, as vivências de desamparo deixam rasgos no tecido psíquico. O reinvestimento dessas marcas será, assim, evitado, o que implica falha no processo representativo, mutilando o Eu e o pensamento. São as representações-coisa de objeto, aquelas construídas pela vivência junto ao objeto primário, que precisarão ser, portanto, desinvestidas. Trata-se da destrutividade atuando prioritariamente sobre o próprio funcionamento psíquico do sujeito.

Fracassa, então, nesses casos, a realização alucinatória de desejo como modelo de base do psiquismo. Não vemos incidir a lógica da esperança, própria do desejo (reencontro), mas a lógica da desesperança, que leva ao assassinato das marcas do objeto, trabalho do negativo contra a representação.

Era assim com Luna. Era preciso construir outro modo de aproximação, que promovesse possibilidades; formas de presença menos persecutórias, que respeitassem seu nível de dor e que consentissem certa dose de ruptura e destruição da analista. Penso que essa análise encontrou condições de existência numa época ainda adolescente de Luna, quando, para explicar algo a que me referia, me sentei no chão com um papel e desenhei. Com um sorriso simpático, ela afirmou: "Não acredito que encontrei uma analista mais louca do que eu". É verdade que precisaríamos ter disponibilidade de trânsito com a loucura, e é possível que Luna tenha intuído, nesse momento, alguma potencialidade de transformação do delírio em jogo, da morte em ausência (Green, 1975/1988c).

Com ela, fui tentando criar, ao longo dos anos, uma maneira intermediária de presença que possibilitasse algum acesso sem invasão, evitando despertar o modo de contrainvestimento radical que lhe era comum. Se o fio que faltava em seu colar de pérolas estava subtraído por um movimento de defesa, restava-me a questão sobre como trabalhar com um material que quase não se podia tocar.

Rapidamente percebi que silêncios longos não iam funcionar, e que uma posição implicada era a aposta mais promissora. Não seria possível uma atitude de maior reserva, que, para ela, era insuportável e despertava uma evitação antecipatória, como numa angústia sinal que lhe informasse se aproximar do desamparo. Falávamos por intermédio das coisas que ela retirava despretensiosamente da bolsa ou que encontrava no celular. Rabiscos (Winnicott, 1964-1968/1994) meus eram muitas vezes disparadores de movimento – por exemplo, o caso do trabalho de parto que ofereço como imagem. Vale ressaltar que não entendo esse fragmento como uma comunicação direta entre inconscientes, mas como uma tentativa, por parte da analista, de dar figurabilidade ao que se passava com a paciente, um trabalho pré-consciente da analista buscando ligações, figurabilidade esta que, na sessão, me ajudou a "sobreviver" ao que se passava, seguindo eu mesma a investir representações, e que poderia ter sua função ainda que eu não escolhesse oferecê-la à paciente.

A oferta de um tal devaneio da analista com potencial de sentido, mas com margem para ser descartado, despertava em Luna certo prazer curioso, que a aproximava da analista e, quem sabe, também da análise, na medida em que a inspirava a investir coisas bobas ou estranhas. Era, em todo caso, a aposta da analista, na tentativa de inspirar a objetalização do próprio investimento. Ainda assim, o passo na direção de considerar o devaneio compartilhável foi definido pelos caminhos tomados na sessão seguinte. A imagem do trabalho de parto oferecia não apenas a ideia de algo intenso que teria fim, mas que é provocado pela força que tende à expulsão. Aquilo que, no funcionamento pré-consciente da analista, se constrói numa associação com o nascimento é completado pela paciente numa imagem talvez mais adequada como metáfora: o aborto. O que é difícil de ser abortado, num trabalho de luto que não se completa, corre o risco de se precipitar num aborto de si, na direção dos trilhos do metrô.

O movimento de "nadificação" ao qual a paciente se entrega me pareceu possível de ser acompanhado imaginando-se uma lógica em que pode ser preferível desinvestir os objetos até suas raízes no Eu (Green, 1975/1988a, 1966-1967/1988d, 1986/1988e):[5] simplesmente parar de sentir, ainda que a redução de tensão a esse nível implique uma deserção subjetiva perigosa. Esse urgente trabalho de luto, em curso na análise, ia sendo possível com a delicada instauração de certo jogo que a inspirasse a investir, ligar.

A mínima ligação

Em 1924, Freud renova sua concepção de masoquismo e completa suas formulações de 1920 ao introduzir a ideia de que a primeira ligação vem unir a sexualidade à dor, dando origem ao que chamou "masoquismo erógeno". É a ligação da pulsão de morte pela libido,

5 Desde seus primeiros escritos e ao longo da obra, Green rastreia as ligações entre pulsão de morte e narcisismo, e conceitua o que chamou "narcisismo negativo".

numa intrincação pulsional capaz de conter a destrutividade. O masoquismo, até então considerado pelo prisma da perversão, ganha, nesse momento, um aspecto originário e passa a cumprir um papel central para a instauração de um princípio de prazer. Diz Freud:

> *O princípio de nirvana, súdito da pulsão de morte, sofreu no ser humano uma modificação que o transformou em princípio de prazer, e evitaremos, de agora em diante, tomar os dois princípios como um único. ...Não é difícil imaginar a força de onde partiu tal modificação. Só pode ser da pulsão de vida, a libido, que assim, lado a lado com a pulsão de morte, apoderou-se de uma cota na regulação dos processos da vida (1924/2001d, p. 166).*

Segue ele no mesmo texto:

> *No ser vivo (pluricelular), a libido se enfrenta com a pulsão de destruição ou de morte que impera dentro dele. ...A tarefa da libido é tornar inofensiva essa pulsão destruidora, o que realiza desviando-a em boa parte – e logo com a ajuda de um sistema orgânico particular, a musculatura – para fora, dirigindo-a contra os objetos do mundo exterior. ...Outro setor não obedece a esse translado para o exterior, permanece no interior do organismo e ali é ligado libidinalmente com a ajuda da coexcitação sexual de que falamos; é nele que devemos reconhecer o masoquismo original, erógeno. (p. 169)*

Uma tal libidinização, que interrompe a tendência imperiosa à redução de tensão, não se realiza originalmente senão pela intervenção de um outro, por meio do trabalho do objeto. Teria o analista uma brecha de atuação nesse campo? O trabalho de ligação da destrutividade (a atuar contra o próprio funcionamento psíquico) poderia operar no masoquismo uma objetalização mínima?

Benno Rosenberg vem sublinhar, nomeando como "masoquismo guardião da vida", o meio por excelência "de impedir a 'satisfação' da pulsão de morte, de impedir nossa destruição" (1991/2003, p. 93). Esse núcleo masoquista primário, cuja ligação operada admite a erotização de uma excitação, é o que permite a suportabilidade da dor e do desprazer e, em última instância, é o que torna tolerável a inevitável tensão da existência psíquica.

A ligação da destrutividade convoca, do analista, um trabalho de Eros. Fantasiar um modelo de captura num circuito de dor me ajudava a estar com Luna nos momentos de evasão, oferecer companhia e uma superfície de ancoragem, e alguma capacidade de investimento que a seduzisse a suportar ter vida psíquica, instaurando, quem sabe, certa curiosidade prazerosa nesse processo. Seria esse um trabalho de masoquismo erógeno?

Referências

Azevedo, B. H. (2017). Para mal-estar e criatividade na clínica contemporânea. *Jornal de Psicanálise*, *50*(93), 175-190.

Fédida, P. (1988). *Clínica psicanalítica: estudos* (C. Berliner, M. Prada e Silva & R. Steffer, Trads.). Escuta. (Trabalho original publicado em 1981)

Freud, S. (2001a). Inhibición, síntoma y angustia. In S. Freud, *Obras completas* (J. L. Etcheverry, Trad., Vol. 20, pp. 71-164). Amorrortu. (Trabalho original publicado em 1926[1925])

Freud, S. (2001b). Manuscrito g: melancolia. In S. Freud, *Obras completas* (J. L. Etcheverry, Trad., Vol. 1, pp. 239-246). Amorrortu.

Freud, S. (2001c). Más allá del principio de placer. In S. Freud, *Obras completas* (J. L. Etcheverry, Trad., Vol. 18, pp. 1-62). Amorrortu. (Trabalho original publicado em 1920)

Freud, S. (2001d). El problema económico del masoquismo. In S. Freud, *Obras completas* (J. L. Etcheverry, Trad., Vol. 19, pp. 161-176). Amorrortu. (Trabalho original publicado em 1924)

Freud, S. (2001e). Proyecto de psicología. In S. Freud, *Obras completas* (J. L. Etcheverry, Trad., Vol. 1, pp. 323-446). Amorrortu. (Trabalho original publicado em 1950[1895])

Garcia-Roza, L. A. (1998). *Introdução à metapsicologia freudiana* (4a ed., Vol. 1). Jorge Zahar.

Green, A. (1988a). O analista, a simbolização e a ausência no contexto analítico. In A. Green, *Sobre a loucura pessoal* (C. A. Pavanelli, Trad., pp. 36-65). Imago. (Trabalho original publicado em 1975)

Green, A. (1988b). O conceito do fronteiriço. In A. Green, *Sobre a loucura pessoal* (C. A. Pavanelli, Trad., pp. 66-89). Imago. (Trabalho original publicado em 1977)

Green, A. (1988c). O espaço potencial na psicanálise. In A. Green, *Sobre a loucura pessoal* (C. A. Pavanelli, Trad., pp. 280-299). Imago. (Trabalho original publicado em 1975)

Green, A. (1988d). O narcisismo primário: estrutura ou estado? In A. Green, *Narcisismo de vida, narcisismo de morte* (C. Berliner, Trad., pp. 87-142). Escuta. (Trabalho original publicado em 1966-1967)

Green, A. (1988e). Pulsão de morte, narcisismo negativo, função desobjetalizante. In C. Yorke, E. Rechardt, H. Segal, D. Widlöcher, P. Ikonen, J. Laplanche & A. Green, *A pulsão de morte* (C. Berliner, Trad., pp. 53-64). Escuta. (Trabalho original publicado em 1986).

Pontalis, J.-B. (2005). *Entre o sonho e a dor* (C. Berliner, Trad.). Ideias & Letras. (Trabalho original publicado em 1977).

Rosenberg, B. (2003). *Masoquismo mortífero e masoquismo guardião da vida* (C. Gambini, Trad.). Escuta. (Trabalho original publicado em 1991).

Winnicott, D. W. (1994). O jogo do rabisco. In C. Winnicott, R. Shepherd & M. Davis (Orgs.), *Explorações psicanalíticas: D. W. Winnicott* (J. O. A. Abreu, Trad., pp. 230-243). Artes Médicas. (Trabalho original publicado em 1964-1968)

5. Quando o brinquedo não brinca: há futuro para a desilusão?[1]

A sabedoria não consiste em declarar que a loucura é condenável, mas em reconhecer que, no mais sábio, ainda existe muita loucura.

(André Green, 1980)

Impasses na clínica

Há algumas semanas que Artemis vinha ao consultório. Trazia no corpo uma resistência viva – reativa, feroz. Roupas? Só as que mal tocavam a pele. Tudo largo, solto. Nos pés da menina, mesmo sob o frio cortante do inverno, somente chinelos. Nada podia prendê-la, conter seu movimento, roçar-lhe o corpo. Sua hipersensibilidade à presença do outro se derramava em mil formas não apenas táteis: um desafio contínuo a minha capacidade transformativa. Na sala, os brinquedos não brincavam, explodiam. As bolinhas de gude, lançadas sem rumo, viravam estilhaços. Atenta, eu colhia os cacos, tentando tecer, entre as

1 Trabalho originalmente publicado na *Revista de Psicanálise da SPPA* 32(2), Porto Alegre, 2025.

ruínas, um gesto de jogo, uma partilha possível entre analista e analisanda. Foi então que, surpresa, ela parou. Uma súbita ideia:

— Você tem novelo de lã! Fecha os olhos!

Sorri, tocada por um sopro de esperança com o convite. Cerrando os olhos, senti os fios e voltas me envolverem, tecendo lentamente uma prisão macia, até que, imóvel, compreendi: era ela em carne viva que precisava conter a alteridade, imobilizar. Era a vitalidade invasiva do outro que, para ela, ameaçava. Naquele gesto de lã, Artemis me dizia, sem palavras: "Não me invada, não toque demasiado firme, acompanhe-me a uma distância que eu possa suportar".

A sabedoria popular ensina que mar calmo não faz bom marinheiro. Na Psicanálise, como na arte da navegação, é no turbilhão das águas agitadas, em meio a impasses e desafios, que novos recursos podem emergir; águas turvas, tempestades, navegação incerta, condições para o naufrágio ou para o surgimento do novo.

Foi na confrontação com as adversidades – resistências, insuficiências e dificuldades transferenciais – que, do tronco e raiz freudianos (Mezan, 2014), foram derivando diferentes direções da prática clínica, futuros para as desilusões, campos de exploração teórica que respondiam ao que pedia por respostas. Afinal, como pensava Pontalis (1977/2005), o aparelho teórico ganha ao não funcionar demasiado bem. É a causa do movimento psicanalítico.

Há momentos na clínica em que nos vemos diante de uma dificuldade particular: encontrar uma posição de mínimo conforto para nos instalarmos na transferência do paciente e tocá-lo sem despertar excessiva dor. Diferentemente das sessões em que o fluxo acontece com relativa naturalidade, nessas situações sentimos um mal-estar sutil, porém persistente. Escutar passa a ser árduo, intervir parece arriscado. Surge a sensação de que qualquer gesto – falar ou calar – carrega o risco de excesso ou falta.

É como se a delicada medida entre presença e ausência, proximidade e distância, se rompesse, e o conflito, ao invés de ser expresso pelo conteúdo das palavras, se apresentasse por meio de tensões, desconfortos e gestos silenciosos. O par analítico, então, experimenta a análise em sua forma mais crua – no corpo da relação.

Nesses momentos, a experiência pode ser vivida com grande intensidade psíquica pelo analista. A contratransferência se impõe como uma maré que o atravessa. É necessário, como nos ensinou Winnicott, sobreviver, permanecer ali e, mesmo capturado por impasses, tratar de continuar investindo a análise e o potencial de sentido.

Participante da cena, o analista é tocado, implicado. Nesse campo compartilhado, conta com seu trabalho psíquico para transformar a turbulência em possibilidade de escuta e simbolização. O impasse não pede pela simples remoção das dificuldades, mas pela capacidade de navegar por elas, aproveitando as correntes para um movimento transformador.

Pontalis estabelece uma diferença clinicamente útil entre posição e dominação contratransferenciais.

> *Nenhuma análise "anda" – ou seja, atinge o vivo do sujeito, – sem que o analista viva esses ferimentos que reavivam nossas chagas, essas infiltrações imprevistas que atravessam e animam nossa psique. Mas isso é de bom augúrio: prova sensível de que aquele paciente se tornou meu paciente (isso às vezes leva tempo) e, simetricamente, de que seu analista ganhou corpo para ele.* (1977/2005, p. 236)

Essa afetação do analista pode se avolumar de tal modo que ele cai presa de uma captura contratransferencial que o imobiliza e põe sua inventividade criativa em xeque.

Com fina sensibilidade e precisão cortante, André Green expressa a complexidade do que ocorre quando se tenta instaurar a situação analítica nos limites do analisável. Ao refletir sobre a ideia de potência – em um sentido que melhor poderíamos chamar "onipotência" –, concebida como uma força extrema e que assume contornos quase divinos ou demoníacos, ele afirma:

> *Aos olhos do analisando que é um caso-limite, o analista possui esse poder. Porque impõe o contrato (esquecendo que o analista também se submete a ele). A desigualdade evidente, em favor do analista, se converte, na ocasião, em lei injusta, despótica. A neutralidade é tomada como uma indiferença tingida de crueldade. Silencioso, o analista dá testemunho de seu desprezo arrogante. Se quebra sua reserva para interpretar, sua interpretação nunca é tomada como uma sugestão interessante que se possa considerar, suscetível de jogar uma luz libertadora sobre o obscuro caos em que o analisando se queixa de estar prisioneiro, ela é um diktat, algo que só cabe pegar ou largar. E, se chega a ser verdadeira, não poderá menos que reavivar a humilhação de recorrer à assistência de alguém que soubera melhor que ele mesmo o que quis dizer. E, por outra parte, não permanece ele deitado, nessa posição infantilizante, enquanto o analista o domina desde a íntegra altura de sua posição sentada? Pode o analista se mostrar solícito: será a demonstração de seu insuportável paternalismo. Se se aborrecer, é prova evidente de que não lhe interessa seu sofrimento. E, se, relaxando o controle da situação para dar um pouco de voo à espontaneidade, reage de maneira viva, será que trata de seduzir ou de castigar; em qualquer caso, de desestimar. Solicita honorários: é porque só lhe interessa o dinheiro; se seu tratamento é gratuito ou quase (por exemplo, em uma instituição), é porque necessita de cobaias ou porque oprime o analisando desprovido com sua comiseração de rico. (Green, 1982/2001a, p. 57; tradução nossa)*

A excitação constante que atravessa o Eu sem trégua, perfurado por angústias de intrusão ou de abandono, marca a posição do analisando diante do analista no enquadre. Nesses casos, o próprio fundamento da análise é colocado em questão:

> *O dispositivo analítico, que é geralmente considerado um facilitador para o neurótico, pode se tornar, no caso do paciente-limite, senão uma máquina de influenciar, ao menos um mecanismo de manipulação voltado à satisfação da onipotência do analista. (Green, 1982/2001a, p. 58)*

Quando a dinâmica se organiza de tal maneira, o analista é levado a reconhecer que, nesse contexto-limite, o próprio dispositivo analítico precisa ser repensado. O enquadre analítico clássico deixa de ser utilizável, e as situações limites são eloquentes em demonstrar isso. Desilusão do psicanalista.

O jogo analítico

Todo jogo analítico se desenrola no marco de um enquadre. Classicamente, ele foi estabelecido por Freud com o objetivo de favorecer o fluxo associativo de seus pacientes neuróticos. De forma bastante intuitiva, Freud procurava recriar as condições que caracterizam a experiência do sonho, quando as defesas psíquicas estão mais relaxadas e os caminhos associativos podem levar mais diretamente ao material recalcado.

> *Temos que conseguir dele (o paciente) duas coisas: que intensifique sua atenção para suas percepções psíquicas e que suspenda a crítica com que costuma expurgar os pensamentos que lhe afloram. Para que possa observar-se melhor a si mesmo com atenção reconcentrada, é vantajoso que adote uma posição de repouso e feche os olhos. (Freud, 1900/2001a, p. 122)*

Freud instruía seus pacientes a se comportarem como viajantes sentados à janela de um trem, descrevendo ao companheiro de assento a sucessão de paisagens que passavam diante de seus olhos (Freud, 1913/2001c). Essa metáfora servia para ilustrar o espírito da associação livre: permitir que pensamentos e lembranças emergissem com espontaneidade.

O enquadre só precisou se tornar um conceito quando mostrou suas falhas em determinadas situações clínicas. Até então, fazia parte da prática de forma implícita, sem a necessária nomeação ou uma elaboração teórica mais precisa. Quando fracassou é que ele se fez pensável, exigindo estudo.

Bleger (1968) escreveu *Psicanálise do enquadramento psicanalítico*, artigo pioneiro em que se dedicou ao estudo do que chamou "enquadre", "um 'não-processo', constituído pelas constantes, pelos marcos em cujo interior se desenvolve o processo" (Bleger, 1968/1988, p. 311). Quando o enquadre chora, ele se faz descobrir como não universal, e isso permite pensar a experiência como um todo, inclusive sobre quando funciona e oferece abrigo a um tanto de loucura indiferenciada.

Para Winnicott (1962/1982, p. 155), em *Os objetivos do tratamento psicanalítico*, o enquadre tradicional pode ceder lugar a outra configuração, quando as exigências da situação assim pedem. Está lá a célebre afirmação de que é possível sermos analistas "praticando outra coisa que acreditamos ser apropriada para a ocasião". Afinal, às vezes, ser analista é saber inventar o cuidado possível, mesmo fora dos contornos clássicos.

Na escrita delicada do britânico, o contexto se revela mais do que um cenário – é o "somatório de todos os detalhes relativos ao manejo" (Winnicott, 1955/2000, p. 395), uma tessitura viva capaz de entrelaçar detalhes que sustentam o encontro analítico. Nas situações em que o cuidado primordial não se fez suficientemente bom, é o contexto que precisa ser revisto, redesenhado. Em suas palavras, "o contexto torna-se mais importante que a interpretação" – com isso, o centro de gravidade do trabalho analítico se desloca.

Ferenczi, antes de Winnicott ou Bleger, já se lançava com intensidade na invenção desses cuidados possíveis, tendo sido precursor na tentativa de expandir os limites da analisabilidade para alcançar seus pacientes. Embora não tenha se dedicado a teorizar o enquadre, permitiu-se transformá-lo profundamente – a ponto de adotar a técnica ativa e experimentar aquilo que ficaria conhecido como "análise mútua". Seu compromisso clínico era maior que com a ortodoxia, o que lhe renderia a alcunha de *enfant terrible* da Psicanálise.

Esses movimentos intuitivos, uma vez teorizados, tornaram o enquadre um analisador de analisabilidade: um interpretante sobre as condições intrapsíquicas do paciente, capazes ou não de fazer do marco comum um facilitador. Quando o paciente se debate com o enquadre como se lidasse com um "inimigo invisível" (Green, 1982/2001c), percebemos que ele não apenas não é utilizável, como também pode retraumatizar. Pesquisar os movimentos transferenciais e contratransferenciais dinamizados no interior de certo contexto legitima que, eventualmente, ele precise ser modificado em favor do que importa: a análise do paciente. Com a metáfora da joia e do estojo, Green (2002) nos fez ver que, para proteger a joia, pode ser necessário alterar o estojo encarregado de guardá-la. A noção de enquadre interno apontou a sustentação para as modificações orientadas na direção de um trabalho que ainda se reconheça como psicanalítico.

Entre estados de alerta, sem encontrar conforto em sua poltrona, e os gestos em que se arrisca, o analista vai errar. Essas falhas, quando seu narcisismo permite reconhecê-las, podem abrir canais para que vivências dolorosas possam ser experienciadas e reconhecidas. Se o analista se defende, "o paciente perde a chance de zangar-se com uma falha passada justamente no momento em que a raiva se tornou possível pela primeira vez" (Winnicott, 1955/2000, p. 397).

Impasse e criação: o trabalho psíquico do analista

Diante dos impasses da análise com o Homem dos Lobos, atravessado pelo desafio de romper a paralisia que ameaçava o processo analítico, Freud decidiu ousar. Lançou mão de intervenções técnicas heterodoxas e, entre elas, uma se destacou: a alteração do enquadre por meio da fixação de um prazo definitivo para o fim da análise – uma decisão que se manteria, acontecesse o que acontecesse. Esse gesto, enigmático em seu alcance e nunca teorizado por ele antes disso, exigiria anos de elaboração posterior até que, em *Análise terminável e interminável*, Freud (1937/1980) empreendesse um balanço das consequências clínicas dessa escolha radical.

Embora produtora de restos transferenciais inelaboráveis em análise pelo fim precoce, a atitude freudiana demonstra liberdade para se arriscar quando o que está em jogo é restaurar o movimento psíquico e favorecer o trabalho representativo – trabalho este que, segundo Aulagnier (1975/1979), é a finalidade e a vocação de todo aparelho psíquico. Quando o analista se depara com defesas que desinvestem justamente tal movimento – silenciando imagens, sufocando pensamentos, esvaziando palavras —, então o trabalho analítico passa a buscar algo mais do que a interpretação: o sopro capaz de reacender o ímpeto de representar, de dar forma àquilo que insiste em calar.

Na mesma análise com o Homem dos Lobos, vemos Freud se deixar levar por um intenso movimento imaginativo, o qual acaba por conduzi-lo à construção da cena primária. Movido por curiosidade e sensibilidade, ele inspira, no paciente, o desejo de vasculhar sebos em busca de antigos contos de fadas – narrativas que, de algum modo, ressoavam os horrores de sua infância, oferecendo pistas para acessar o indizível de sua vida psíquica.

Analisar-se – em Química e em Psicanálise – tem o sentido de des-ligar e, se inicialmente Freud apostava que pudéssemos nos preocupar com a análise, pois, da síntese, o paciente mesmo se encarregaria, o trabalho analítico nas bordas do analisável revelou ser um tanto mais complexo. Foram as dificuldades com o Homem dos Lobos que inauguraram, primeiro empírica e, depois, metapsicologicamente, as pesquisas sobre a necessidade das *Construções em análise*.

O trabalho de ligação, condição para pôr em marcha o princípio de prazer, pode estar em xeque no paciente e precisa compor os recursos de que um psicanalista lança mão por meio do próprio trabalho psíquico. Se a figurabilidade, muito estudada pelo casal Botella (2003), é parte do trabalho do sonho para dar forma ao que pulsa, ela se realizará em análise, mesmo que caiba ao psicanalista um esforço para esboçar seus contornos.

Figurações possíveis

Mais de 1 ano se passara desde que eu havia começado a escutar Diana, aprisionada na posição de exclusiva responsável pelos cuidados do pai. Saía de casa apenas para as sessões. Era a única a saber como fazer os curativos diários de que ele necessitava. Só ela. Justamente Diana, que desde sempre se sentira a menos querida entre os filhos, maltratada pelos pais e irmãos. Eles, livres, foram viver a vida, enquanto ela sentia-se sequestrada da sua. Deixou de trabalhar fora para permanecer nesta casa que, mais do que abrigo, era cárcere.

Eu já a acompanhava por tempo suficiente para perceber que existia ali uma posição sofrida, mas difícil de abandonar. Ela própria não percebia tirar dali nenhum proveito. Não era claro para ela, nem mesmo para mim, mas o vínculo com essa posição parecia difícil de romper.

Tínhamos já imaginado juntas a torre de Enrolados – versão Disney do conto da Rapunzel –, em que a mãe-madrasta sussurra o quanto o mundo lá fora é cruel e perigoso, mantendo a filha cativa para se alimentar de sua vitalidade e juventude. Tentávamos jogar com a ideia de que, em sua história, ela era mais do que somente a princesa aprisionada: era também a guardiã da torre. Prendia-se a si mesma nas teias daqueles cuidados.

Um dia, ouvindo mais uma vez a mesma rotina extenuante e queixosa – prisão sem chave nos abusos – uma imagem me atravessa e eu a compartilho:

— Sabe... ao te ouvir, me veio uma sensação estranha... como se você fosse o órgão vital dele. Se o órgão se separa, ambos morrem.

A imagem do órgão vital pousou fundo. Voltaria muitas vezes depois nessa análise, ora figurando a falta do direito a uma vida própria do órgão, ora com ênfase à compensação narcísica do lugar de vital: ser insubstituível, o centro pulsante da vida de alguém. Entre palavras e imagens, tentávamos abrir fendas na torre.

O excesso de atual – do aqui e agora endurecido –, como realçado nessa situação clínica, é uma das modalidades de impasse que ameaçam esterilizar o processo analítico. Sessões que se repetem em descrições áridas, estáticas, como se o tempo não fluísse, aprisionam o analista em desalento. O espaço entre palavras torna-se pesado, enquanto o associativo, que deveria abrir caminhos entre tempos e memórias, é interrompido. Resta uma fala como se aquele que a profere não tivesse história múltipla, apenas uma versão de passado na qual repousar suas dores ou angústias; um agarramento autoimposto em segredo a uma dimensão de sua vida que não se abre aos efeitos transformativos.

Freud (1950[1895]/2001b) sugeria que a suspensão do atual ocorre pela reexcitação de marcas de satisfação – aquelas que permitem adiar, esperar, sonhar. Contudo, quando essa suspensão falha, o jogo analítico é capturado pelo atual, e a fantasia, o sonho ou a palavra assumem a função de ato – tentativa desesperada de preencher um vazio que não tolera ser vivido.

São defesas que retiram investimento do trabalho representativo e impõem ao analista um desafio clínico exigente, levando-nos a imaginar uma "captura no circuito da dor" (Azevedo, 2021): "como favorecer a representação em situações nas quais representar reativa a dor?" (Azevedo, 2017, p. 183). Perder-se circulando fora das amarras expõe ao risco de pisar em minas terrestres e detonar aquilo que mal pôde ser contido?

Lembro-me de uma situação clínica particularmente trabalhosa, cujo sistema de segurança intransigente me fazia imaginar uma placa de "Perigo, material tóxico" advertindo quem se aproximasse. O devaneio da analista remetia ao desastre da usina nuclear de Chernobil, que provocou a liberação de material radioativo de dimensões catastróficas.

Se a dor carrega o rastro de uma violação de limites, não surpreende que sejam construídos invólucros rígidos – tanto intrapsíquicos como intersubjetivos – como armaduras protetoras para conter aquilo que ameaça romper. Preso à urgência do presente, o paciente exige o olhar do analista, mas repele qualquer movimento de entrega ou regressão. O enquadre clássico, com seu convite ao recuo regressivo, é vivido como risco.

O mal-estar não necessariamente falado será vivamente sentido. Ou seria melhor dizer "mortalmente"? Como aponta Pontalis (1977/2005, p. 225), a contratransferência, apesar de não conseguir ser transmitida o bastante em palavras, pode ser percebida por meio do tato. "A palavra 'tato' evoca aqui menos uma discreta circunspecção do que a sensibilidade para uma superfície, lisa ou rugosa, porosa ou blindada, para o aspecto de uma pele que acariciamos ou que se eriça".

A noção ferencziana (1928) de tato remete à sensibilidade que compõe o saber silencioso responsável por inspirar formas de presença do analista para sustentar a travessia. Nas transferências-limite, em que os gestos correm o risco de se tornarem intrusão, essa escuta encarnada permite encontrar a justa distância: nem retração, nem excesso – apenas presença suficiente para que a experiência psíquica volte a respirar sem o incremento eriçado de contrainvestimentos imobilizantes.

Green (1995/1996) faz uma distinção entre o representante psíquico da pulsão e a representação em sentido estrito, ambas noções freudianas que lhe possibilitam explorar as heterogêneas formas de funcionamento psíquico nas quais a questão não está tanto na transição da representação de coisa para a representação de palavra, mas na própria existência da representação de coisa. Essa diferenciação permite pensar o trabalho clínico com o paciente em distintos níveis do processo representativo, evitando a dicotomia simplificadora entre aqueles que "conseguem" e os que "não conseguem" representar. Em vez disso, revela-se uma ampla gama de variações que envolvem movimento ativo de desinvestimento do processo representativo, mobilizado pela dor das marcas psíquicas implicadas em tal processo.

O pensamento clínico contemporâneo conta com uma noção de contratransferência enquadrada:

> *De um lado, como fenômeno, encontra-se integrada no esquema triádico do processo analítico (enquadre-transferência-contratransferência). Não é mais definida como correlato simétrico da transferência do paciente, e sim como produto da situação analítica (Laplanche) em campo dinâmico (Baranger). Pode-se dizer que transferência e contratransferência são efeitos do enquadre, pois são causa conjunta da constituição e dinâmica do campo analítico. (Urribarri, 2012, p. 60)*

A elaboração contratransferencial, aliada à criatividade e ao trabalho psíquico do analista, plural e heterogêneo, terá um papel fundamental nas análises mais exigentes. A escuta se abre ao trabalho de imaginarização (Green, 1987/2001b) do discurso do paciente, função dos processos terciários inspirados na noção de *rêverie* de Bion e de área transicional de Winnicott. Trata-se de uma escuta que busca, nos restos, alguma imagem, alguma forma que contenha o informe.

O analista, então, se vale de seu pré-consciente como espaço em que esses fragmentos encontram possibilidade de figuração, de se organizar em imagens ou pensamentos provisórios. Ainda que não sejam cópias fiéis da experiência do paciente, essas construções operam algo essencial: estabelecem ligações, dão contorno, oferecem uma primeira moldura diante dos mecanismos de clivagem e evacuação.

Esse trabalho é especialmente precioso diante do traumático – experiências que não puderam ser integradas à história psíquica do sujeito. Em tais casos, o analista, por meio de esforços de ligação e transformação, sustenta um processo sempre em risco de ser abortado.

> *O que o trabalho psíquico do analista realiza é uma tentativa de figurar e conter dentro de si o que apreende estar faltando no "colar de pérolas sem fio"*[2] *do discurso do paciente, tentando tornar pensável o material manifesto. Trata-se de um trabalho de ligação, a Bindung freudiana. As imagens que possam ocorrer ao analista não são uma comunicação direta entre inconscientes, mas demonstram um esforço do analista por figurar o não representado e se tornam úteis quando o paciente se encontra totalmente instalado no atual. (Azevedo, 2017, p. 184)*

O desafio para o analista será encontrar modos de formular intervenções que possam ser usadas pelo paciente – que não venham sob a forma de um pegar ou largar, mas que sejam deixadas como materiais lúdicos em um espaço intermediário, disponíveis para serem aproveitadas.

Trata-se de um jogo que, embora assimétrico, exige do psicanalista deslocamento e participação ativa. Exige, ainda, que ele

2 Expressão usada por Green (1977/2017) em *O conceito de limite*.

esteja presente – não apenas fisicamente, mas verdadeiramente implicado —, instaurando, com sua presença, um espaço potencial de jogo capaz de oferecer ao paciente alguma margem de conforto na qual ele sinta que pode manter autonomia. Da poltrona, o analista arriscará intervenções à espera de que o paciente as tome, transforme-as e utilize-as como puder.

> *O trabalho psíquico do analista articula uma série de operações heterogêneas (escuta, figurabilidade, imaginação, elaboração da contratransferência, memória pré-consciente do processo, historização, interpretação, construção etc.). Seu funcionamento ótimo é o dos processos terciários, sobre os quais se fundam a compreensão e a criatividade do analista. (Urribarri, 2010/2014, p. 17)*

Ao investir no processo representativo, o psicanalista fará nascer figurações nesse espaço compartilhado, ajudando a construir um capital metafórico comum, que ficará disponível a ambos. Embora seja uma característica de qualquer processo analítico, é nesse território que a análise das situações-limite se desenvolve com particular intensidade. O que costuma estar como fundo ganha, aqui, protagonismo: é preciso construir as bases de uma linguagem analítica, criar sentidos e abrir espaço para algum prazer compartilhado.

Para realizar tal tarefa, o psicanalista se engaja em um tipo de diálogo que, por vezes, se distancia das intervenções analíticas clássicas. Ele aceita operar no nível manifesto, sem renunciar à abertura potencial à simbolização, enquanto busca alegorias possíveis de serem investidas no par analítico. Uma maneira de enfrentar o impasse entre os riscos de invasão e abandono: mostrar-se vivo, mas não em excesso; aproximar-se e recuar sem deixar de investir. Tanto quanto possível, ele deve estar disposto ao "jogo, consigo e com o paciente, capaz de articular-se entre o sonho e a dor, entre a *poiesis* e a repetição" (Azevedo, 2017, p. 187).

Na produção dessas imagens, o psicanalista entrega-se às lógicas do pensamento louco. Reconhecendo a natureza heterogênea que compõe a experiência clínica, ele articula fantasias psicossexuais à destrutividade, admite conflitos entre o Eu e as pulsões do objeto, que Green (1982/2001c) denomina "duplo conflito". Este é estabelecido quando o objeto primário – ele mesmo também um sujeito – é incapaz de metabolizar e ligar as próprias pulsões, e esse derramamento gera dificuldades nos planos pulsional e identificatório. Em tal caso, o objeto não pode ser perdido – a ligação narcísica indiferenciada impossibilita o luto – e guarda as marcas da paixão, o que repercutirá na relação com o analista no enquadre, reveladora da "loucura privada" do sujeito (Green, 1980/2017): suas fixações arcaicas ao objeto incestuoso, no seu retorno em transferência, impõe limites à analisabilidade.

Quando o analista se dispõe a imaginar as lógicas do desespero, passa a ser capaz de reconhecer que o agarramento às situações que beiram o insuportável pode ser, paradoxalmente, uma forma de perpetuar um vínculo que não se pode perder. Essa escuta também o autoriza a considerar que a resistência à intrusão invasiva é passível de revelar a luta contra um desejo secreto de ser completamente invadido e deixar-se entregar à passivação. Permite-lhe, ainda, supor que alimentar o ódio pode ser uma estratégia inconsciente de não renunciar ao objeto e que o paciente, em sua confusão, pode discriminar mal quando está atacando o objeto ou a si mesmo. Todos são pensamentos loucos que, se não disponíveis, deixam o analista aquém de transitar pela loucura.

Como pode o pobre infeliz adquirir algum trânsito pela loucura?

Parafraseando Freud (1937/1980), em *Análise terminável e interminável*, quando ele se pergunta como o pobre infeliz pode adquirir as qualidades necessárias para se tornar psicanalista, poderíamos estender tal inquietação àqueles que se aventuram nas regiões mais áridas da clínica, nas quais o brinquedo se recusa a brincar e o jogo insiste em não acontecer.

Nesses territórios, assim como em outros, é imprescindível reconhecer o valor incontornável da análise pessoal do psicanalista. No entanto, é igualmente vital admitir os limites dos modelos teóricos erigidos a partir da neurose ou da psicose para lidar com essas zonas fronteiriças do sofrimento psíquico. É a desilusão que pode devir futuro. Sem o caminho aberto por autores que assumiram o impasse e dedicaram-se à clínica de borda, corremos o risco de afundar em uma areia movediça – sutil, mas implacável – capaz de paralisar e esvaziar o gesto analítico quando ele mais precisa de invenção.

Do analista contemporâneo, é solicitado que se entregue a hipóteses estranhas, sem reduzir-se a formas estreitas de racionalidade. É demandado coragem para chegar perto de se queimar; é verdade que comumente ele sai um tanto chamuscado, afinal, como advertiu Freud, não faz sentido convocar os demônios e, depois, mandá-los embora sem fazer pergunta alguma. Para interrogá-los, é necessário pagar o preço de entrar em cena: arriscar-se no pensamento louco e transitar pelo limiar entre o caos e a criação.

A invenção de linguagens possíveis exige que o analista tenha reconhecido e aceito, em sua análise, o seu potencial de loucura, sem se distanciar, assustado, quando informado de seus coloridos. Ele se esforça para encontrar meios de lidar com a intensidade e riqueza da experiência humana convocada na clínica, fazendo isso em favor da análise, que é do paciente e tem como destinatário um ausente que ultrapassa a pessoa do psicanalista.

Trabalhar além dos limites das certezas analíticas clássicas não é para aqueles que se iludem pretendendo-se completamente sãos, purificados das próprias loucuras a ponto de servir como modelo de equilíbrio para seus pacientes. Pelo contrário, a análise pessoal, essencial para fundar um analista, adverte-o acerca de sua própria loucura potencial, dessa humanidade irredutível que nenhuma análise, por mais completa que seja, pode apagar.

Referências

Aulagnier, P. (1979). *A violência da interpretação*. Imago. (Trabalho original publicado em 1975)

Azevedo, B. H. (2017). Mal-estar e criatividade na clínica contemporânea. *Jornal de Psicanálise*, *50*(93), 175-190.

Azevedo, B. H. (2021). A captura no circuito da dor: um desafio clínico. *Revista Brasileira de Psicanálise*, São Paulo, 55(2), 61-72.

Bleger, J. (1988). Psicanálise do enquadramento psicanalítico. In J. Bleger, *Simbiose e ambiguidade* (pp. 311-328). Francisco Alves. (Trabalho original publicado em 1968)

Botella, C. & Botella, S. (2003). *La figurabilidad psíquica*. Amorrortu.

Ferenczi, S. (1928). Elasticidade da técnica psicanalítica. In *Obras completas Sándor Ferenczi* (Vol. 4, pp. 25-36). Martins Fontes, 1992.

Freud, S. (1980). Análise terminável e interminável. In S. Freud, *Edição standard brasileira das obras psicológicas completas de Sigmund Freud* (Vol. 23, pp. 239-287). Imago. (Trabalho original publicado em 1937)

Freud, S. (2001a). La interpretación de los sueños. In S. Freud, *Obras completas* (Vol. 4). Amorrortu. (Trabalho original publicado em 1900)

Freud, S. (2001b). Proyecto de psicología. In S. Freud, *Obras completas* (Vol. 1). Amorrortu. (Trabalho original publicado em 1950[1895])

Freud, S. (2001c). Sobre la iniciación del tratamiento (nuevos consejos sobre la técnica del psicoanálisis). In S. Freud, *Obras completas* (Vol. 7). Amorrortu. (Trabalho original publicado em 1913)

Green, A. (1996). *La metapsicología revisitad*. Eudeba. (Trabalho original publicado em 1995)

Green, A. (2001a). Après-coup, lo arcaico. In A. Green, *La nueva clínica psicoanalítica y la teoría de Freud: aspectos fundamentales de la locura privada* (pp. 35-64). Amorrortu. (Trabalho original publicado em 1982)

Green, A. (2001b). La capacidade de ensoñación y el mito etiológico. In A. Green, *La nueva clínica psicoanalítica y la teoría de Freud: aspectos fundamentales de la locura privada* (pp. 157-178). Amorrortu. (Trabalho original publicado em 1987)

Green, A. (2001c). La doble frontera. In A. Green, *La nueva clínica psicoanalítica y la teoría de Freud: aspectos fundamentales de la locura privada* (pp. 103-126). Amorrortu. (Trabalho original publicado em 1982)

Green, A. (2002). Le cadre psychanalytique: son intériorisation chez l'analyste et son application dans la pratique. In A. Green, *L'avenir d'une désillusion*. PUF.

Green, A. (2017). O conceito de limite. In A. Green, *A loucura privada: psicanálise de casos-limite*. Escuta. (Trabalho original publicado em 1977)

Green, A. (2017). Paixões e destinos das paixões. In A. Green, *A loucura privada: psicanálise de casos-limite*. Escuta. (Trabalho original publicado em 1980)

Mezan, R. (2014). *O tronco e os ramos: estudos de história da psicanálise*. Companhia das Letras.

Pontalis, J.-B. (2005). *Entre o sonho e a dor*. Ideias & Letras. (Trabalho original publicado em 1977).

Urribarri, F. (2012). O pensamento clínico contemporâneo: uma visão histórica das mudanças no trabalho do analista. *Revista Brasileira de Psicanálise*, 46(3), 47-64.

Urribarri, F. (2014). Prefacio. André Green: pensar la destructividad, recrear el psicoanálisis. In A. Green, *¿Por qué las pulsiones de destrucción o de muerte?* Amorrortu. (Trabalho original publicado em 2010)

Winnicott, D. W. (1982). Os objetivos do tratamento psicanalítico. In D. W. Winnicott, *O ambiente e os processos de maturação: estudos sobre a teoria do desenvolvimento emocional* (pp. 152-155). Artes Médicas. (Trabalho original publicado em 1962)

Winnicott, D. W. (2000). Formas clínicas da transferência. In D. W. Winnicott, *Da pediatria à psicanálise: obras escolhidas*. Imago. (Trabalho original publicado em 1955)

6. O Eu e seus abalos sísmicos: contribuições contemporâneas à teoria do trauma[1]

Andei lendo sobre movimentos geológicos. Preciso mencionar que nem de longe é minha especialidade, mas acho incrível pensar que, vista do espaço, a Terra aparenta unidade e calmaria maiores do que tem. Pela aparência, não diríamos que sua camada mais externa é formada por placas tectônicas de diferentes tamanhos em constante movimento, embora seus efeitos se façam sentir de tempos em tempos em determinadas localidades. As placas se afastam, movidas pelo magma que é pressionado para a superfície e também se aproximam e colidem umas com as outras, situação na qual tremores de terras podem ser sentidos.

Lendo um pouco, descobri que zonas de tensão são criadas justamente nas bordas das placas e, quando esse acúmulo de pressão é liberado, acontece um terremoto. Esses abalos sísmicos podem ser de grande magnitude, quando, então, são capazes de destruir áreas e construções inteiras. Uma das maiores catástrofes naturais, o tsunami, é também decorrente do choque entre placas tectônicas, dessa

---

1 Texto publicado na *SIG Revista de Psicanálise*, 2(13), 2024, com base na apresentação oral de Abertura da VII Jornada da SPFOR, 19 de setembro 2024.

vez na costa: empurrada por forças do interior do planeta, uma placa entra embaixo da outra, levanta parte dela e faz inundar a região litorânea.

A teoria das placas tectônicas sucedeu de outra, a teoria da deriva continental de Wegner, que defendia que, há milhões de anos, a Terra era composta de um único supercontinente, chamado "Pangeia". Não apenas o aspecto morfológico dos continentes parecia compor um perfeito quebra-cabeça, mas também a existência de fósseis semelhantes nos diversos continentes foi um argumento para sustentar a hipótese de que a Terra teria sido uma massa única que se dividiu.

Reservemos esse devaneio geológico como alegoria para nos voltarmos aos abalos estruturais no Eu e as contribuições de autores da Psicanálise contemporânea nesse campo. São psicanalistas que desenvolveram suas teorias em terrenos clínicos-limite, áreas de instabilidade nas quais a estrutura do Eu está sujeita a maiores tremores e o estilo aproximativo clássico do psicanalista tende a fazer fracassar nossos esforços.

O território limite da Psicanálise contemporânea

Com Psicanálise contemporânea, não me refiro à adjetivação geral das práticas psicanalíticas de hoje em dia. O sentido que me interessa é aquele atribuído por André Green, que chama de "psicanálise contemporânea" o movimento coletivo de investigação que parte dos limites da analisabilidade para construir modelos que articulem o intrapsíquico e o intersubjetivo e, a partir da noção de enquadre, examine o trabalho de representação e seus fracassos.

Sem constituírem uma nova escola de Psicanálise, os pioneiros desse movimento (Green, Pontalis, McDougall, Aulagnier, Anzieu, Laplanche, entre outros) conviviam no ambiente francês da década de 1970 e partilhavam desafios clínicos comuns, aos quais responderam de maneira não homogênea. Alguns deles desenvolveram sistemas teóricos mais organizados, outros menos; em todo caso, o diálogo que mantiveram entre si fez amadurecer as proposições teórico-clínicas de cada um. Em comum, tinham também a experiência de testemunhar a transformação de Lacan de autor genial em líder dogmático. Green (1999) e Pontalis (2017) afirmam, de forma muito semelhante, que os autores mais interessantes dessa geração tinham sido aqueles que passaram por Lacan e afastaram-se dele: estiveram próximos a ponto de serem marcados por sua aguda capacidade de recortar questões relevantes e tomaram suficiente distância para preservar sua autonomia de pensamento. Embora o chamado lacaniano a um retorno a Freud tenha incidido firmemente sobre eles, puderam atendê-lo assumindo uma perspectiva plural mais ampla que a do lacanismo, auxiliados pelos aportes ingleses que se atreveram a ler com seriedade para complementar ou contrapor os de Lacan. Pontalis (2017) refere que a realização do projeto que resultou no *Vocabulário de psicanálise*, junto a Laplanche, foi fundamental para a percepção de que a obra freudiana era mais rica e complexa do que tentava reduzir o retorno a Freud de Lacan. O grupo, que assistiu a discípulos mimetizarem o mestre em seus modos de falar, vestir e andar, estabeleceu um pacto interno geracional antidogmático, como bem nos conta Urribarri (2017).

Além disso, diante de fenômenos clínicos pouco simbolizados, cada um desses autores, por caminhos singulares, respondeu à necessidade de oferecer uma teoria para o originário, e é precisamente nesse ponto que este capítulo tenta contribuir, destacando os horizontes abertos por alguns desses autores em relação à problemática do trauma e seus efeitos para a estrutura narcísica primária.

A noção de trauma é participante da Psicanálise desde seus primórdios e recebeu aportes complementares ao longo dos anos. Esse não foi um conceito uno na obra de Freud, tampouco na Psicanálise depois dele. As múltiplas dimensões destacadas nas diferentes abordagens participaram das bases que influenciaram os autores objeto da minha comunicação. Não são, portanto, teóricos que criaram do nada: valeram-se das teorizações de Freud e dos pós-freudianos de forma suficientemente autoral para que resultassem relevantes para a expansão da sensibilidade e do manejo clínicos do traumático incidente sobre a unidade e funcionamento do Eu.

Um chamado da clínica

O rodeio teórico que me proponho a fazer aqui é motivado pela clínica e pelas variadas situações que me ajudaram a ver os tremores do Eu em ação. Em uma dessas ocasiões, uma paciente em crise de despersonalização, ao perceber que perdia, mais uma vez, o investimento da sua unidade, recuperou-se segurando um objeto gelado. Noutra, uma jovem que sentia se dissolver no caos cortou-se para aliviar a agonia e estancar a sensação de se diluir. Ambas parecem ter recrutado intuitivamente o corpo para se resgatar, lembrando à analista que uma unidade comparável ao Eu só é possível se puder ser investida e que o corpo pode ter uma função importante nessa operação.

Fenômenos semelhantes repetidamente surgidos na clínica me fizeram perceber que, tal como a Terra, o Eu tem menos garantias de unidade e calmaria do que se pode supor à distância. Há traumatismos capazes de incidir contundentemente nos investimentos e desinvestimentos do Eu e nos modos de produzir equilíbrio narcísico.

Passemos a uma vinheta que acrescenta um elemento adicional: o registro dessas marcas traumáticas no originário. Maria, uma mulher alemã que viajava a trabalho para o Chile, de passagem em conexão por Buenos Aires, ouve uma mãe argentina cantar uma canção de ninar em espanhol. Não conhece a língua, mas descobre que sabe cantar a música. A súbita vivência de familiaridade a arrebata em uma comoção perturbadora que a faz explodir em lágrimas e manifestações somáticas de angústia. Tenta em vão se acalmar lavando o rosto no banheiro. Letra e melodia eram catalisadoras de significativas sensações que ela pouco podia explicar. Evocavam memórias que ela não distinguia, impressas sensorialmente no corpo e desencadeadas da mesma maneira.

Recorre ao pai: precisava esclarecer tão significativa experiência de *Unheimliche*, daquelas que não se dissipam no momento seguinte. Foi então que descobriu, perplexa, ser filha adotiva dos pais que sempre conheceu e que seus pais biológicos, de quem nunca ouvira falar, eram desaparecidos da ditadura Argentina.

Como alguns de vocês podem ter reconhecido, essa é a primeira cena do filme alemão-argentino *O dia em que eu não nasci* (2011), dirigido por Florian Cossen, a que só tive oportunidade de assistir recentemente por indicação dos colegas Patrícia Formigoni Morais e Francisco de Holanda Marques Jr., para ser discutido em um seminário que coordenei na Sociedade Brasileira de Psicanálise de São Paulo (SBPSP) sobre *Construções em análise*.

O enredo nos serve de ponto de partida para uma questão enigmática: como estão representadas e podem ser recuperadas as vivências anteriores à assunção de um Eu capaz de se contar em palavras sobre seu próprio vivido? Que sorte de memória é essa, testemunha da intensidade de encontros e desencontros primários a se reapresentar na vida em reações tão incontroláveis quanto carentes de decifração?

Fora das telas do cinema, nem sempre há revelações surpreendentes e esclarecedoras que iluminam o que se passou. Geralmente, ficamos apenas com o que assalta, com a reação aberrante. É com esse desconcertante impacto de pequenos eventos que lidamos na clínica, manifestações em ato ou no corpo, inundações de angústias insondáveis, doloridas repetições transferenciais incompreensíveis, que não dispõem do personagem revelador dos segredos que faz tudo se encaixar. No divã, nossa pesquisa tem pistas mais dispersas, mas sustentamos o potencial de sentido que o *Unheimliche* porta.

Freud, em *Construções em análise*, na frase inspiradora que parece antecipar as ideias sobre o medo do colapso de Winnicott (2005), afirma que

> *o deslocamento da pré-história esquecida para o presente ou para a expectativa de futuro é uma ocorrência regular, também no neurótico. Muitas vezes, quando um estado de angústia o deixa na expectativa de que algo terrível vai acontecer, ele apenas está sob a influência de uma recordação recalcada que quer chegar à consciência e que não pôde se tornar consciente naquela época em que, de fato, algo assustador aconteceu. (Freud (s.a.), p. 378)*

Foi também Freud que nos ensinou que "saber nem sempre é a mesma coisa que saber: existem diferentes formas de saber, que estão longe de ser psicologicamente equivalentes" (2006, p. 288). Frente a algumas dessas formas de saber, o recurso das nossas construções e alegorias nos auxilia a dar alguma forma ao informe, fisgando uma "carpa da verdade" difícil de acessar de outras maneiras.

Em *Moisés e a religião monoteísta*, Freud (2001b) é claro em afirmar que não temos acesso ao arcaico original sem deformação. O trabalho do psicanalista é sobre a construção psíquica em cima do vivido. "Aprés coup, o arcaico", diz Green (1990b).

Está aí a questão que me orienta neste escrito: como pensar esse saber que se faz ouvir por modos representativos tão heterogêneos? E que relação se estabelece com o traumático?

O originário e a violência do discurso do outro

Piera Aulagnier (1975/1979), entendendo que o objetivo do aparelho psíquico é representar – e que a forma como esse trabalho se dá varia conforme o registro psíquico em jogo –, completa as proposições freudianas sobre os processos primário e secundário com a noção de originário. Aquém da organização fantasmática encontrada no primário, o originário é determinante para sua fundação. Originário, primário e secundário teriam, respectivamente, como formas de representação o pictograma, a fantasia e o enunciado. Essa perspectiva, dos diferentes modos de criar sentido para a própria experiência em cada registro psíquico, respondia às necessidades de sua clínica, intensamente dedicada à psicose.

O interesse pelas múltiplas formas de representação, também encontramos em André Green. O autor de *O trabalho do negativo* nomeia como "teoria da representação generalizada" a perspectiva que considera o gradiente representativo que permite acompanhar os fenômenos que atestam falha no funcionamento da representação de coisa. Assim como a criadora do "Quarto Grupo", também Green julga necessário considerar as condições mínimas para a representação de coisa, não sendo suficiente partir de sua garantia para acesso aos estados-limite. Entre o representante psíquico da pulsão e seus desdobramentos em representação de coisa e de palavra, pode haver outros caminhos mais evacuativos, bem-conhecidos desde Bion. Há situações nas quais o reinvestimento das marcas mnêmicas, necessário à representação de coisa, está impedido pela dor que provoca, ficando esse trabalho de representar impactado pelo traumático.

Voltando a Aulagnier, a autora formula que, no contexto da indiscriminação originária, antes da assunção de um Eu, é pela vida do corpo e do sensorial que se dará o trabalho representativo primordial. A experiência de complementariedade boca-seio fica inscrita como pictograma e é vivida como autoengendrada, formando um núcleo onipotente de autocriação de prazer ao longo da vida.

O que ocorre é que fazer nascer um filho repercute no acordar pulsional dos pais, incluindo o pulsional mortífero e as marcas traumáticas de suas próprias relações primárias. Essa conjuntura pode promover vivências de prazer e potência, mas também de desprazer e rejeição. A experiência de corpo, vale ressaltar, não existe intrapsiquicamente desarticulada da relação com o porta-voz e a sombra falada que ele produz, em que violências de sentido se fazem sempre ouvir. A troca sensorial é acompanhada pelo que Aulagnier (1975/1979) chama de "violência primária", experiência humana universal de antecipação de um Eu por outro, mas que pode se desdobrar em uma violência secundária traumática quando há imposição de significados ou interpretações alheios à experiência do *infans*.

Os enunciados vindos do porta-voz nem sempre antecipam o direito a uma existência autônoma e separada, às vezes resultam em invasão do espaço psíquico, alienação e obstáculo para a formulação de um discurso próprio.

As derivas de tais encontros são capazes de afetar a construção e a manutenção de um projeto identificatório investível para o sujeito, ou seja, atrapalham a concepção de um futuro que pareça vivível. Desencontros traumáticos primários têm o potencial de afetar os movimentos de subjetivação e psiquização e, uma vez que foram vividos no território corporal, podem torná-lo (o corpo) representante da dimensão traumática de que foi testemunha.

Embora a teoria de Aulagnier respondesse prioritariamente à questão psicótica, os temas da alienação e das relações passionais como soluções para o conflito identificatório a colocaram na roda do debate coletivo sobre estados-limite.

Joyce McDougall: o trauma e os teatros do Eu e do corpo

A perspectiva das soluções é a forma de pensar prioritária de outra importante autora desse movimento: Joyce McDougall. Para ela, haveria traumas universais com os quais todo humano precisaria lidar e responder com o que lhe fosse possível a partir das vicissitudes experienciadas nos encontros primários. O trauma da alteridade seria uma dessas rochas a serem enfrentadas na vida, as quais o bebê não é capaz de metabolizar só e que, portanto, se complicam consideravelmente quando a troca intersubjetiva primária não assegura o direito a um corpo, uma sexualidade e um psiquismo próprios. Os entraves nessa relação seriam responsáveis por fracassos na construção do espaço transicional descrito por Winnicott, resultando em dificuldades na separação primária e em tentativas de manter a ilusão de fazer um com o outro, em fantasias de um corpo para dois, um sexo para dois, um psiquismo para dois. Essa espécie de *fantasia de Pangeia psíquica* é, ao mesmo tempo, uma via para representar a relação erótica primitiva com o corpo materno e, também, a impossibilidade de existir separadamente. "O corpo é dotado de uma memória tenaz", diz McDougall (1989, p. 188). Corpo, zona privilegiada de fusão com a mãe, onde, por intermédio dos sintomas, é possível perceber o temor de perder seus limites corporais e o prazer irrenunciável.

Nas somatizações, resultado da clivagem entre soma e psíquico, McDougall reconhece uma linguagem somática na qual o corpo se torna palco de um teatro que é expressão do traumático e reconquista de limites.

Em um de seus textos, apresenta-nos Georgette, uma paciente polissomatizante com importantes alergias de pele que, ao encontrar a analista bronzeada de sol após as férias, exclama: "Mas o que foi que a senhora fez no meu rosto?" De forma semelhante, referindo-se ao marido da analista, diz: "Acabei de encontrar o nosso marido na rua". Falas desconcertantes que testemunhavam a "con-fusão" entre elas. Os fenômenos psicossomáticos com os quais McDougall (1989) trabalhou durante muitos anos foram o solo que lhe permitiu reconhecer a sexualidade arcaica se manifestando em fantasias e a invenção de modos próprios de, concomitantemente, se separar e não se separar do objeto.

A autora identifica que os efeitos traumáticos de uma separação primária malsucedida e a insuficiente instauração de uma área transicional funcional buscavam ser compensados por relações aditivas estabelecidas com pessoas, jogos e drogas. Tanto as soluções psicossomáticas como as aditivas seriam, desse modo, tentativas de contornar o trauma da alteridade, evitando que os abalos sísmicos fizessem desmoronar a frágil estabilidade narcísica.

André Green foi um dos interlocutores principais de McDougall justamente por suas contribuições fundamentais para a problemática não neurótica. Segundo o autor, os traumatismos primários se fariam escutar pelas falhas na construção da estrutura enquadrante do narcisismo, conceito criado por ele com base na escuta dos estados-limite.

Ao transformar limite em conceito, o autor teoriza sobre o relativo fracasso no estabelecimento do que chamou de "duplo limite": aquele que divide simultaneamente dentro e fora e as instâncias intrapsíquicas. A dupla função do objeto primário – excitar e conter as pulsões do sujeito – pode falhar e, além do mais, acrescentar desafios ainda maiores. Quando aquele que ocupa a função de objeto primário para o sujeito não é capaz de ligar suas próprias pulsões sexuais e destrutivas, então descarregadas na relação, é exigida do sujeito a atuação em um duplo conflito: não apenas do Eu com suas próprias pulsões, como também do Eu com as pulsões de seu objeto primário. O embaralhamento e a dificuldade na discriminação e na separação primárias junto ao objeto-trauma acenam no horizonte, tal como no caso clínico do paciente que Green nomeou de Gabriel. Ele lhe confidencia conseguir ouvir a mãe chamar seu nome, embora ela estivesse a quilômetros de distância. Com os limites intrapsíquicos e intersubjetivos afetados, o sujeito precisa se transformar em um "limite móvel" (Green, 1990a), sempre engajado em se proteger de atravessar e ser atravessado e da dupla angústia de intrusão e abandono.

Georgette, de McDougall (1989), travava batalha semelhante à angústia descrita por Green. Além de também manter a crença em uma conexão indiscriminada com a mãe, que lhe dava a sensação de poder ser ouvida por ela à distância, e da vivência contratransferencial experimentada pela analista de ter sua identidade usurpada (semelhante àquela vivida por Green com Gabriel), vemos, nas manifestações cutâneas de Georgette, simultaneamente, a necessidade de sentir a presença materna e o horror de grudar-se a ela, numa luta paradoxal entre o desejo de se fundir e os temores arcaicos a ele relacionados. Esse sobreinvestimento da pele, área litorânea de união e separação, atestava o esforço por compensar as dificuldades na criação de um espaço transicional operante.

A plataforma de autoinvestimento, que é a estrutura enquadrante, quando abalada em sua fundação, vulnerabiliza o sujeito aos maus ventos da vida. Diante das tempestades, desinveste com mais facilidade seu contorno e valor. As operações de resgate – automutilação ou envolvimento em verdadeiras guerras domésticas, por exemplo –, embora tentativas de autocura, apenas momentaneamente detêm o tsunami que ameaça infiltrar suas margens.

Esse derramamento, que inunda territórios e apaga as divisões psíquicas organizadoras, testemunha o fracasso na tramitação pulsional por outros meios.

Em trabalho anterior (Azevedo, 2021),[2] a propósito do material clínico de Luna, com quem eu me via precisando trabalhar quase clandestinamente – como se a paciente não percebesse estarmos trabalhando –, pude resgatar a vivência de dor apontada por Freud (2001b) no *Projeto para uma psicologia científica* como capaz de orientar o funcionamento psíquico para garantir sua evitação. Embora pouco lembrada como vivência originária ao lado da vivência de satisfação, a dor está recuperada nas contribuições de Green, Pontalis e Rosenberg, e foi com base nesses autores que busquei propor ter sido a dinâmica prazerosa no contato analítico o que permitiu à paciente passar da posição de gostar da analista, mas não suportar análise, para aguentar aproximar-se das marcas de que tanto evitava

2 Ver Capítulo 4.

chegar perto. A falha na instauração do masoquismo erógeno primário, primeira ligação – favorecida pelo trabalho do objeto e promotora da intrincação pulsional – dificultava a suportabilidade do atravessamento da dor no revisitar de suas trilhas. O traumatismo primário se revelava capaz de impedir a instauração do princípio de prazer como organizador do psiquismo e colocava-nos desafios muito próprios em suas sessões.

A posição fóbica central e a evitação de comunicar epicentros

No artigo "A posição fóbica central", em que Green (2002) apresenta, de forma mais extensa, o caso Gabriel, o autor também formula uma teoria original de trauma. Não o pensa como eventos cataclísmicos únicos, nem cumulativos (Masud Kahn), tampouco como o evento mais primitivo.

Com Gabriel, Green sentia, nas sessões, um movimento perturbador de confusão temporal que percebeu não ser aleatório, mas uma estratégia defensiva do Eu do paciente de antepor obstáculos à inteligibilidade e à criação de sentido, que, se não impedidos, resultariam traumáticos. O movimento de fuga da arborescência reticular da associação tentava sistematicamente asfixiar a formação de uma visão de conjunto que fizesse sentido. A barreira criada impedia que o rio do pensamento pudesse correr seu curso.

Após anos junto a Gabriel, Green, finalmente, conseguiu aproximar alguns dos diferentes episódios que ameaçavam reverberar entre si: a experiência de aleitamento com um seio purulento e vazio de leite – não percebido pela mãe até sua quase desnutrição; a intervenção do pai, que o enviou a uma ama de leite no interior – onde a mãe não o visitava; a espera pelas visitas, que nunca vinham, quando foi estudar no internato; a dimensão incestuosa da mãe que o fazia se passar por seu marido ou irmão e que não o visitava por não aguentar se separar; e suas próprias fantasias de conexão incestuosa secreta. Num dos episódios de espera dolorosa quase insuportável, Gabriel responde com uma alucinação negativa de sua própria imagem: "Isso não pode ser eu", diz olhando-se no espelho com o rosto contorcido.

Em sessão, Green percebe que o pensar de Gabriel se detinha para que não resultasse num novo momento como aquele, em que a imagem de si, em estado de completo desvalimento e impotência, se completasse. O desinvestimento do trabalho representativo cuidadosamente evitava que se tocassem áreas de instabilidade, onde o terreno psíquico era mais sujeito a tremores capazes de reverberar entre si e resultar numa hecatombe narcísica, tão devastadora quanto um grande terremoto no Eu.

Na posição fóbica central, como adotada por Gabriel, a vigilância constante evita secretamente qualquer movimento interno que possa desencadear a reativação dos diferentes núcleos traumáticos, epicentros sísmicos, entrecruzamento das diversas linhas traumáticas que, juntas, produziriam novas ondas de choque e transformariam-se num evento de grande magnitude.

O ataque sistemático à associação livre se revela, portanto, uma autoproteção ao traumático, que nos casos-limite não são eventos únicos, mas uma pluralidade de focos impedidos de se juntar. O quadro completo, quando as diferentes experiências ganham configuração de conjunto, é intuído como promotor de um estado de desamparo insuportável e responsável pela sensação de incapacidade para continuar a manter os limites de sua integridade.

Essa posição defensiva, ao precisar manter afastados os epicentros que poderiam abalar a estrutura narcísica primária, torna-se uma solução autolimitante com o custo significativo de tornar a vida psíquica cada vez mais restrita e empobrecida. Como em uma cidade que, após um grande terremoto, decide isolar as áreas mais afetadas, criando zonas inteiras desabitadas e sem comunicação.

O tempo morto: trauma e desobjetalização

A temporalidade cronológica linear aparente de nosso dia a dia se revela limitada para acompanhar o trabalho da Psicanálise, o funcionamento da associação livre e seus impasses, assim como seus efeitos sobre as versões do vivido. Ela é produto de uma elaboração secundária que se desvanece ante o trabalho associativo, como bem demonstram os sonhos, os sintomas, a transferência, as noções de fixação, regressão, clivagem e fantasias originárias. A obra freudiana, a todo momento, reafirma a complexidade temporal em vigência no psíquico, contradizendo a sucessão ordenada em passado, presente e futuro. Mas é justamente com relação ao trauma que a temporalidade se mostra, de modo escancarado, mais complexa do que se poderia supor num primeiro olhar.

Na carta 52 a Fliess, muito antes da virada de 1920 em que teorizou o *Além do princípio de prazer* (Freud, 2001c), Freud (2001a) mencionou inscrições que se mantêm fora da cadeia representativa, apartadas do trabalho de transcrições e retranscrições que conduziria a representações de palavras. Chamou-as *fueros*, em referência à antiga lei espanhola que vigorava fora das políticas feudais vigentes, abrindo caminho para pensar dimensões do psiquismo operando com leis paralelas. Na temporalidade psíquica, coabitam diferentes tempos e, em alguns desses *fueros*, encontramos a mágica que mantém a indiscriminação fantasiada em um corpo para dois (McDougall, 1982), ou a fantasia de poder deter o tempo (Green, 2000).

A compulsão à repetição atesta esse assassinato do tempo. O tempo morto, aquém do princípio do prazer, coagula a temporalidade em uma "careta enigmática" (Green, 2000, p. 97), capturada no tempo do trauma. Uma modalidade de funcionamento pulsional animado por uma coação. A lógica da esperança que conhecemos na neurose é substituída pela lógica da desesperança, que não supõe, na reexcitação das marcas mnêmicas, o reencontro prazeroso com o objeto. O que prevê, ao contrário, é a repetição do estado de desamparo que precisa ser evitada a todo custo.

Heróis do negativo

As contribuições para a teoria do trauma que vemos nesse capítulo se valem da riqueza e da complexidade desse conceito que acompanhou o desenvolvimento da nossa disciplina. Articulam aportes dos diferentes autores que expandiram e diversificaram essa noção em suas dimensões pulsionais, ambientais e relacionais, de modo que é possível reconhecer nelas a potência do diálogo horizontal entre pares e a herança principalmente de Freud, Ferenczi, Winnicott, Bion e Lacan. De forma coletiva, eles têm o mérito de oferecer uma compreensão matizada dos efeitos do trauma no psíquico e de suas implicações para a prática clínica da psicanálise nos negativos paradoxais.

Pontalis (2017) formula a feliz expressão "heróis do negativo" que nos permite nomear uma espécie de adoração pelo avesso que atesta o vínculo indestrutível que a incapacidade de separação primária suficientemente boa faz operar, sequestrando o sujeito no mesmo cativeiro que tenta capturar o objeto. Pensado como desafetação (McDougall, 1989), desejo de não desejo (Aulagnier, 1979) ou narcisismo negativo e desobjetalização (Green, 2010), o desinvestimento da própria realidade psíquica está reconhecido como efeito paradoxal das ameaças ao Eu no traumático. Em contato com as transferências-limite, Pontalis, Green, McDougall e Aulagnier, cada um a seu modo, apontam para o papel do objeto primário em favorecer ou não a intrincação pulsional e a autonomia de pensamento do futuro sujeito.

Esses autores escutam de um modo tal que o narcisismo e o sexual não ficam separados em polos opostos. O fundamento pulsional é mantido na perspectiva contemporânea, os movimentos destrutivos e sexuais são reconhecidos em conexão com o pulsional do objeto. O psíquico, codeterminado pelo par pulsão-objeto, é considerado por esses autores articulado a uma metapsicologia do Eu. Um Eu que, tal como a Terra, tem uma história de transformações a partir da mistura e cuja estabilidade de investimento pode ser perturbada.

O traumático, nessas teorizações não homogêneas, tem em comum o abalo à estruturação narcísica primária, implicando modos de simbolização-limite e formas de organização pulsionais e identificatórias que afetam os destinos da onipotência imprescindível à vida.

Maria, Georgette, Gabriel e Luna não fazem ver apenas a heterogeneidade das situações traumáticas. Testemunham, além disso, as diferentes soluções ativas desenvolvidas até então para sobreviver psiquicamente e os impactos na organização de suas fronteiras.

Tal como diante da potência destrutiva de furacões, terremotos, erupções vulcânicas ou enchentes, a urgência não pode menos que recrutar os recursos defensivos mais radicais, responsáveis por cicatrizes duradouras com as quais lidamos na clínica em transferência.

Do lado de cá da poltrona, o psicanalista é mobilizado contratransferencialmente e disponibiliza seu trabalho psíquico para pescar imagens que favoreçam figurabilidade e dinâmica de jogo para lidar com modalidades implosivas e explosivas de relações passionais, estados de não discriminação afeto-representação. Apostando na capacidade poiética do psíquico, o psicanalista trabalha de modo processual, rastreia as peculiares modalidades de simbolização num contexto transicional falho e participa do teatro pessoal de seu paciente, inventando modos de transformar "loucura em jogo e morte em ausência" (Green & Urribarri, 2019).

Os caminhos do trauma são múltiplos e suas respostas, variadas. A vida psíquica, tal como um terreno geológico, mantém-se em constante movimento, com tensões invisíveis que, ao reverberarem entre si, rompem as superfícies aparentemente estáveis. Nós psicanalistas, como sismógrafos sensíveis, capturamos as vibrações mais sutis e participamos com nosso próprio corpo e psíquico para metabolizações e a retomada de soluções criativas. Uma tarefa árdua que, para ser honrada, leva-nos a explorar as trilhas abertas ao longo de todo o movimento psicanalítico.

Referências

Azevedo, B. H. (2021). A captura no circuito da dor: um desafio clínico. *Revista Brasileira de Psicanálise*, 2(55).

Aulagnier, P. (1979). *A violência da interpretação: do pictograma ao enunciado*. Imago. (Trabalho original publicado em 1975)

Cossen, F. (2011). O dia em que eu não nasci (Filme). Art/Screndip.

Freud, S. (s.a.). Construções em análise. In S. Freud, *Obras incompletas de Sigmund Freud*. Autêntica. (Trabalho original publicado em 1937)

Freud, S. (2001a). Fragmentos de la correspondência com Fliess. Carta 52. In S. Freud, *Obras completas*. Amorrortu. (Trabalho original publicado em 1950 [1892-1899])

Freud, S. (2001b). Proyecto de psicología. In S. Freud, *Obras completas*. Amorrortu. (Trabalho original publicado em 1950 [1895])

Freud, S. (2001c). Más allá del principio de placer. In S. Freud, *Obras completas*. Amorrortu. (Trabalho original publicado em 1920)

Freud, S. (2001d). Moisés y la religión monoteísta. In S. Freud, *Obras completas*. Amorrortu. (Trabalho original publicado em 1939 [1934-1938])

Freud, S. (2006). Conferência XVIII: Fixação em traumas: o inconsciente. In S. Freud, *Conferências introdutórias sobre psicanálise*. Imago. (*Obras Psicológicas Completas de Sigmund Freud*). (Trabalho original publicado em 1916-1917)

Green, A. (1990a). O conceito de limite. In A. Green, *A loucura privada*. Escuta. (Trabalho original publicado em 1976)

Green, A. (1990b). Après coup, o arcaico. In A. Green, *A loucura privada*. Escuta. (Trabalho original publicado em 1982)

Green, A. (1999). *Um psicanalista engajado: conversas com Manuel Macias*. Casa do Psicólogo.

Green, A. (2000). *El tiempo fragmentado*. Amorrortu.

Green, A. (2002). La posición fobica central. Con un modelo de la asociación libre. In A. Green, *El pensamento clínico*. Amorrortu.

Green, A. (2010). Pulsão de morte, narcisismo negativo, função desobjetalizante. In A. Green, *O trabalho do negativo.* Artmed. (Trabalho original publicado em 1993)

Green, A.; Urribarri, F. (2019). *Do pensamento clínico ao paradigma contemporâneo*. Diálogos. Blucher.

McDougall, J. (1982). *Teatros do eu*. Francisco Alves.

McDougall, J. (1989). *Teatros do corpo*: *o psicossoma em psicanálise*. Martins Fontes.

Pontalis, J.-B. (2017). Après Freud, avec Freud à l'écoute des voix nouvelles de la psychanalyse. In Collectif. *Après Lacan: le retour à la clinique* (Entretiens et introduction par Fernando Urribarri). Itaque.

Urribarrri, F. (2017). Après Lacan: une brève histoire du fatur de la psychanalyse contemporaine depuis ses origines post-lacaniennes. In Collectif. *Après Lacan*: *le retour à la clinique* (Entretiens et introduction par Fernando Urribarri). Itaque.

Winnicott, D. W. (2005). O medo do colapso (breackdown). In D. W. Winnicott, *Explorações psicanalíticas.* Artmed, 2005. (Trabalho original publicado em 1974)

7. Do solavanco à despersonalização: a falha de reconhecimento

Em uma viagem de trem, Sigmund Freud foi surpreendido por uma experiência estranha. Após uma sacudida mais violenta, a porta que se comunicava com o toalete se abriu e ele viu entrar em sua cabine um senhor desconhecido, vestido com roupão e gorro. Supôs que, ao sair do banheiro, o ancião se havia equivocado, dirigindo-se à cabine alheia. Qual não foi sua surpresa quando, ao se levantar para adverti-lo, percebeu que o estranho em questão era sua própria imagem refletida na porta da cabine![1]

Após anos diagnosticada com epilepsia, Flora foi encaminhada para o exame de vídeo-EEG, por meio do qual os médicos buscavam uma explicação para a falta de sucesso terapêutico. Apesar dos anticonvulsivantes administrados diariamente, as crises continuavam a ser frequentes no dia a dia da jovem que, com o resultado do exame, descobre não haver nenhuma explicação neurológica para as diárias manifestações convulsivas que tanto lhe restringiam a vida há 14 anos. Um súbito encontro com uma dimensão redobrada de si, "infamiliar". Cada um a sua maneira,

1 Freud (1919/2003, p. 247) relatou o ocorrido.

Freud e Flora experimentaram uma sensação que o austríaco nomeou como *Das Unheimliche*.

Em 2011,[2] dediquei-me a pensar sobre o sentimento "infamiliar" nas situações como as de Flora. Em alguns desses casos, percorri um caminho clínico que me deixava satisfeita; noutros, sentia que me faltavam recursos para acompanhar os fenômenos apenas com as lógicas - do recalcamento e do princípio de prazer - de que eu dispunha operando em meu pensamento clínico. Minha orientação principal para pensar esses abalos era o Freud de 1919 que, embora tenha escrito na mesma época seu *Além do princípio de prazer*, ainda não havia extraído todas as consequências da revolução que estava prestes a operar em sua teoria.

De minha parte, aquele foi o motor da busca por novos autores que me ajudassem a pensar a clínica-limite sem abandonar a metapsicologia freudiana.

Freud (1919/2003) dedicou-se a investigar as condições que favoreciam o surgimento desse sentimento e percebeu que a palavra *heimlich* habita dois campos de significação que, embora não se oponham de maneira absoluta, se encontram bastante distantes: de um lado, o que é familiar, agradável; de outro, o que é clandestino, oculto; e entre os muitos sentidos, há um que paradoxalmente se confunde com seu próprio oposto: *unheimlich*. Uma amostra do que havia abordado em "Sobre o sentido antitético das palavras primitivas".

A propósito do *Unheimliche*, Freud discutiu a origem do sentimento com Ernst Jentsch (1906, cf. Freud, 1919/2003), seu único interlocutor na literatura médico-psicológica sobre o tema.

> *Jentsch destacou como exemplo de causa de Unheimliche a dúvida sobre se algo é vivo ou inanimado e apontou*

2 Azevedo, 2011a.

E. T. A. Hoffmann[3] *– um dos pilares da literatura romântica alemã – como hábil na arte de produzir esses efeitos em seus contos.*

Para exemplificar tal fenômeno, Jentsch estudou o conto intitulado "O homem da areia" (Hoffmann, 1817/2010). Natanael, principal personagem do conto, se via atormentado por reencontrar na juventude um dos fantasmas de sua infância. Quando criança, ouvia da babá histórias sobre o Homem da Areia, que jogava areia nos olhos das crianças para, então, roubar-lhe o órgão. Em sua fantasia, esse era o homem misterioso que visitava seu pai algumas noites no escritório.

Decidido a conhecer seu rosto, Natanael esconde-se no escritório do pai e reconhece no homem o sinistro rosto do advogado Copellius, visita frequente em jantares da sua casa. Assim que o viu, o homem o ameaçou de arrancar-lhe os olhos. Tempos depois, após uma visita noturna de Copellius, seu pai foi encontrado morto, vítima de uma explosão.

Já mais velho, Natanael pensou ter reencontrado Copellius, agora respondendo pelo nome de Coppola, um vendedor de óculos itinerante. Nessa mesma época, ele se apaixonou por Olímpia, a quem avistava de sua janela.

A suspeita sobre a verdadeira identidade de Coppola ganha caráter de certeza ameaçadora quando Natanael descobre que a bela mulher por quem se apaixonara não era humana, mas um autômato, uma boneca, cujos olhos foram implantados por Coppola.

---

3 Ernst Theodor Amadeus Hoffmann, escritor alemão. Um dos maiores nomes da literatura fantástica mundial.

> *Para Jentsch, o principal artifício causador da sensação de Unheimliche no conto está na boneca Olímpia, que, enganosamente, parecia animada. A Freud não restam dúvidas de que o estranhamento nesse conto se deve ao reencontro com o Homem da Areia e à representação de perder os olhos – relacionada intimamente à angústia de castração. (Azevedo, 2011)*

Mas as sensações perturbadoras evocadas no texto de 1919 nem sempre estão relacionadas à angústia de castração. No rastro dessa investigação, Gilson Iannini (2024) localizou um estudo intitulado *Uncanny Valley – o vale da estranheza*, desenvolvido pelo roboticista Masahiro Mori, na década de 1970. No experimento, o autor revelou que a semelhança progressiva dos robôs com os seres humanos desperta afinidade e afeição igualmente crescentes. Porém, essa proximidade atinge um ponto delicado próximo da indiscernibilidade, um limiar no qual o excesso de semelhança se transforma em aversão, como em um filme de terror, quando se adentra o obscuro e perturbador vale da estranheza.

Essa descoberta nos faz reconhecer ecos das condições de emergência de estranheza apontadas no texto freudiano: a invasão da realidade pela fantasia; a porosidade entre realidade e irrealidade; a desconcertante proximidade com a ficção.

Para Iannini (2024), o efeito, que, na época de Freud, se manifestava com mais frequência na literatura do que na vida cotidiana, tornou-se mais recorrente na sociedade digital algorítmica do século XXI, em que as múltiplas duplicações da realidade acabam por embaralhar e distorcer essas distinções. As noções de simulacro e hiper-realidade, de Baudrillard, nunca estiveram tão atuais.

Em direção semelhante, Urribarri (2025) nos convoca à coletivamente pesquisar o gradiente de fenômenos de estranheza, reconhecíveis na clínica e nos fenômenos sociais, e que considera fundamentais para pensar o atual mal-estar ligado às crises de identidade.

Um gradiente de abalos no Eu e no sentimento de existência

No psíquico, as diferenças, longe de estarem garantidas desde o nascimento, são, ao contrário, tecidas lentamente ao longo de um percurso processual, fruto de sofisticadas operações de desmistura e discriminação – tanto frente ao magma pulsional bruto como diante do vasto não-Eu exterior. Podemos supor que, assim como não originários ou garantidos, certas reconfigurações da realidade podem fazer vacilar os andaimes que sustentam o sentimento de existência ou o investimento significativo dos laços com a realidade.

A falha de reconhecimento é um fenômeno frequente nos dispositivos digitais de identificação: pode acontecer por problemas técnicos, por mascaração (como uso de óculos) ou por semelhança com outra pessoa. Um descompasso que espelha, de maneira enigmática, certas experiências psíquicas breves e fulgurantes.

Freud (1919/2003) identificou o "duplo" como um dos principais responsáveis pelo efeito *unheimlich*. A telepatia, a identificação com outra pessoa a ponto de se equivocar sobre o próprio Eu e o eterno retorno do idêntico na repetição estariam igualmente entre suas expressões.

Com respeito ao "duplo", o grande referente é Otto Rank em seu texto de mesmo nome. Rank estudou

> *a relação do duplo com a sombra, a própria imagem refletida, os espíritos guardiões, a crença na alma imortal e o medo da morte. Para ele, a sombra e o reflexo teriam sido a forma de representação da alma, a alma imortal o primeiro duplo do corpo e o duplo como enérgica desmentida do poder da morte, recurso para defender-se do aniquilamento. (Azevedo, 2011)*

Mas de que modo algo destinado a desmentir o poder da morte passaria a ser causador de sensação de estranheza e medo? Freud entende que essas representações nasceram sobre o terreno do narcisismo primário e, sob certas circunstâncias, passam de um seguro de sobrevivência para o *unheimlich* anunciador da morte, cujo caráter perturbador somente poderia estar ligado ao fato de o *duplo* ser uma formação oriunda das épocas primordiais da vida psíquica supostamente já superadas.

O Eu, sabemos, passa por uma complexa trajetória de unificação e discriminação a partir de um trabalho psíquico com a alteridade capaz de operar diferença. No originário, não há um Eu que se diferencie do Isso ou do Outro significativo (operador da ação específica e sustentador de suas regulações mínimas). Apenas quando capaz de construir um continente a partir da interiorização dessa sustentação suficientemente boa do objeto é que se criam as condições de autocontenção e autorreferência suficientemente estáveis, de modo que o interminável trabalho de síntese do Eu possa seguir seu curso sem que falhas graves o façam experimentar agonias identitárias despersonalizantes. O contínuo trabalho psíquico inclui a necessidade de subjetivar de algum modo o que pulsa e pode ser múltiplo e contraditório.

A experiência originária suficientemente boa deixa atrás de si a experiência onipotente de ser capaz de criar as condições de que precisa para obter prazer e satisfação necessária. De criar aquilo que encontra e, aos poucos, aguentar distâncias maiores entre um e outro sem interromper os laços de investimento sempre complexos com as realidades psíquicas e materiais.

Na busca por examinar a hipótese da dimensão infantil na origem da sensação de "infamiliar", Freud (1919/2003) recorreu a exemplos de pressentimentos e lembrou-se do Homem dos Ratos que, após desejar a morte do ancião que habitava o quarto cobiçado em uma estação termal, recebeu com estranhamento a notícia de seu falecimento

14 dias depois. Esses exemplos estão reunidos como ligados à onipotência de pensamento.

> *A descoberta de que o que se repete nos diferentes casos de Unheimliche são fatores infantis leva Freud a formular duas conclusões. A primeira delas é que a natureza secreta do Unheimliche está em ser um material que retorna. A segunda, derivada desta, é que por essa natureza é possível entender que os usos da língua façam heimlich passar para o seu oposto unheimlich, uma vez que o infamiliar deste último não é algo efetivamente novo ou alheio, mas antes conhecido e antigo que retorna. (Azevedo, 2011)*

A expressão "estranhamente familiar" como opção de tradução para *Das Unheimliche* no português tenta contemplar os dois aspectos que compõem o sentimento, duas vertentes que correm em paralelo, simultaneamente: o familiar; e o desconhecido. As opções "infamiliar" (Autêntica) e "incômodo" (Blucher) priorizam manter a ambiguidade da expressão freudiana, uma única palavra com o prefixo "in". Na fala do paciente, surge, em primeiro plano, o que é da ordem do externo, alheio a ele, faltando-lhe a percepção da dimensão familiar.

Há, ainda, o fator da repetição do igual que, sob certas condições e combinado a determinadas circunstâncias, é apontado como fonte do sentimento de *Unheimliche*. A repetição não deliberada torna "infamiliar" o que, à primeira vista, seria inofensivo, como no caso de se deparar com o mesmo número em um curto intervalo de tempo e em diferentes situações, criando a impressão de um significado oculto, algo que excede o ordinário e carrega consigo mistério e ameaça.

A menção à repetição não intencional não é casual, ela remete diretamente ao escrito concomitante de Freud, *Além do princípio de prazer*, cuja relação com o ensaio de 1919 nos permite extrair consequências fecundas para a clínica.

Das Unheimliche *no corpo na crise pseudoepiléptica*

Na crise pseudoepiléptica – atualmente denominada "crise não epiléptica psicogênica" (CNEP) ou "crise funcional" –, a recorrência sintomática e os erros diagnósticos fazem com que muitos pacientes sejam tratados durante anos como epilépticos de difícil controle ou interpretados como dotados de alguma interferência sobrenatural.

A epilepsia já aparecia nos escritos freudianos como elemento causador de "estranheza" (Freud, 1919/2003). Jentsch, antes dele, lançou a ideia de que os acessos epilépticos e as manifestações de insanidade provocam no espectador a impressão de se tratar de processos automáticos e mecânicos. Freud argumentou que o efeito estranho da epilepsia tinha a mesma origem daquele causado pela loucura. O leigo observa, nesses fenômenos, a ação de forças que, por um lado, não são suspeitas previamente em seu semelhante, mas, por outro, está vagamente ciente de existirem em regiões remotas de seu ser. Um pulsional indomado que encontra vias de expressão.

A crise pseudoepiléptica, por sua vez, introduz um mistério ainda maior sobre a origem dessa força que pode adquirir formas sobrenaturais. A revelação de não haver alterações no eletroencefalograma capazes de explicar o quadro tende a provocar um impacto desestabilizador, reacendendo a questão sobre a origem do que toma aquele corpo. Um rearranjo radical se impõe sobre as soluções psíquicas construídas até então, oferecendo estranho reforço às hipóteses fantásticas.

A ambiguidade etiológica entre o orgânico e o sobrenatural presente na loucura convulsiva episódica confronta o sujeito com dois tempos do susto: aquele de quem tem seu corpo tomado por potências estranhas, e o que se segue à descoberta de não poder contar com uma explicação médica para o caso. Nesse segundo tempo, o sujeito vê, num piscar de olhos, sua operação psíquica desfeita, manchando a realidade com cores inquietantes. O reencontro com intensidades, agora sem abrigo, torna-se o avesso do júbilo num espelho "infamiliar".

É apoiada nesse mistério que a interpretação do *duplo* adquire relevância. O que é esse outro de si que emerge na crise, impulsionando movimentos animalescos e inesperados, contrastante com o sujeito que protagoniza as demais ações cotidianas? Sensação perturbadora de ver certa independência em algo que se esperaria subordinado à própria vontade, mas adquire autonomia ameaçadora. Um corpo eventualmente falado na terceira pessoa, como não sendo parte bem-integrada de si: "o corpo".

Era o caso de Flora que de fato era possuída, mas quem sabe não por espíritos ou demônios, como interpretava sua família, e como, estranha e efemeramente, se viu considerando quando do desmonte diagnóstico. Se, por um lado, ela era tomada por uma entidade que a apassivava, deixando-se possuir como tentava evitar na vida, o poder do que encarnava também a permitiu recuperar algum sentimento de potência, dedutível no modo como se relacionava com o sintoma. Seus demônios, no plural, eram ligados não apenas aos objetos primários onipotentes e apassivadores, mas também, e sobretudo, ligados ao pulsional indomado igualmente apassivador e capaz de dominar o Eu e reduzi-lo à impotência: paixões.

A perda do domínio das excitações configura um risco à organização do Eu, promotor de incremento defensivo. A produção sintomática pensada como esforço de autocura oferece uma solução que pode gerar estranhamento, mas cujo abalo pode ser ainda maior caso desfeito.

O estranhamente demoníaco da despersonalização

Há vivências de estranhamento que encerram o sujeito numa angústia de despedaçamento e roubam-lhe o conforto de uma casa-lar. Crises de angústia recorrentemente vividas, ou mesmo pressentidas, com qualidade terrorífica ligada à infiltração de um espectro que despoja o Eu de sua força. Impotente, o sujeito vê revelada uma tensão entre o erótico e o destrutivo, à beira do colapso, própria do retorno do traumático, que transfigura o usualmente seguro e conhecido em algo perturbador e inquietante.

O traumático primário vulnerabiliza a estrutura narcísica primária a maiores abalos. Dificulta a instauração de uma zona intermediária transicional que permita às áreas de transformação intrapsíquica e intersubjetivas funcionarem suficientemente bem com fluidez e mobilidade. Organiza defesas que mantêm bolsões de paixões secretas que afetam os limites subjetivantes e pode exigir redobramentos defensivos que desfaçam o trabalho de síntese do Eu e de investimento nessa unidade de autorreferência.

São os (des)encontros que tocam o trauma da alteridade, quando a separação e autonomia estão sujeitas a interferências ligadas ao direito a uma existência própria, correlativa ao direito de autonomia também do objeto primário. O que McDougall (1978, 1989) nomeia como conflito com relação ao direito de existir.

Quando um ponto central da fantasia dual é estranhamente reforçado pelo signo de realidade, terrores infantis subitamente se levantam das tumbas para arrepiar a espinha e mal-assombrar a casa, visitada por vultos de fantasmas insepultos. Nesse caso, os rituais de exorcismo podem precisar, abruptamente, retirar o investimento do Eu, fazendo o perder o sentimento de realidade e existência.

Despersonalização e desrealização apontam um afastamento subjetivo frente ao risco da perda dos contornos ou da iminência de se diluir ou implodir. Fazem parte da clínica cotidiana de um psicanalista junto aos que estão no limiar do desespero. Nessa situação, a escuta analítica capta uma espessura de vertigem diferente, vinda dos vales do desamparo.

A momentânea dissolução do sentimento de unidade do Eu não se esparrama num todo sustentador oceânico, mas, ao contrário, encaminha-se para uma assustadora perda de sustentação que reproduz desamparo, como se despencando vertiginosamente dos braços de alguém.

Pressentindo um perigo de se dissolver nas experiências de desrealização e despersonalização, uma paciente recorria ao recurso de cortar sua pele com uma lâmina, enquanto outra descobriu se resgatar encostando as mãos na superfície gelada da mesa ou segurando um objeto frio. Ambas recrutavam o corpo para se salvarem da vivência momentânea de perder substância e unidade, em nenhuma delas era possível distinguir, nesse resgate corporal, um movimento orientado pelo princípio de prazer, mas por uma urgência aquém dele pedindo por religação. Uma terceira paciente bem figurou sua vivência pré-crise dizendo pressentir a chegada de um tsunami.

O tremor despersonalizante-limite não faz mais que declarar a instabilidade da cobertura de unidade do Eu, vulnerável sob certas condições. Um abalo desse tipo reflete um movimento defensivo radical de desorganização narcísica, um trabalho de desdiferenciações que se produz borrando as margens entre realidade e ficção, e entre o dentro e o fora, desfazendo fronteiras organizadoras. Formas extremas de negativação que podem levar a experiências estranhas perturbadoras. *Entfremdungsgerfühl*, nomeia Freud, em 1936, em *Um distúrbio de memória na Acrópole*. A expressão pode ser traduzida por sensação de estranhamento ou de desrealização.

O paradoxal é que os esforços para desobjetalizar algo perturbador pode implicar respostas não neuróticas de desobjetalização da própria realidade psíquica e da vivência de unidade psicossomática. O movimento de neutralização das diferenciações adquiridas remete à intuição freudiana de 1915 que afirma o contrário do amor não como ódio, mas como indiferença.

Para o Freud de 1919, o *Unheimliche* teria a marca do retorno do recalcado, mas em casos mais radicais de estranhamento poderíamos supor o retorno de alguma negativação até então operada que se redobra em novo movimento negativizante extremo.

É nesse ponto que o *Além do princípio de prazer*, problemática de fundo da escrita freudiana de *Das Unheimliche*, se torna clinicamente imprescindível. Quando a pulsionalização das defesas além do princípio de prazer pode impactar as bases do próprio narcisismo.

Green (1979, p. 149) afirma que "é através do afeto que o Eu se dá uma representação irrepresentável de si mesmo". Esse afeto de existência (1976, 1979), por vezes perturbado, se revela na escuta analítica-limite, que consegue discernir angústias ligadas ao sentimento de irrealidade e perda de sentido que se volta para a própria experiência de habitar um corpo ou um mundo.

Freud (1930) fala de um sentimento de Eu que pode ser perdido, na patologia ou na condição especial de enamoramento. Antes mesmo da formulação de um narcisismo primário normal, que parte da dispersão à unidade, ele recorreu à ideia de uma regressão tópica da libido - introversão nas palavras de Jung -que pode alcançar a fantasia, na neurose; o Eu, na paranoia; ou a um despedaçamento autoerótico nos casos de esquizofrenia. Ideia semelhante foi desenvolvida por Green (1976) quando aponta uma retração narcísica negativa como última defesa frente à falência dos mecanismos ordinários contra a angústia. Seja como for, o sentimento de Eu se mostra sujeito a diferentes transtornos.

O que promoveria a inoperação do sentimento de existência, numa espécie de alucinação negativa da própria personalização? Parece que um desinvestimento radical desobjetalizante se volta ao Eu e interrompe momentaneamente o contato psicossomático, de modo que a despersonalização impacta o trabalho de personalização (Winnicott, 1958; 1962; 1988) uma vez investido.

Em 1936, em carta a Romain Rolland, Freud abordou o sentimento de incredulidade frente à descoberta da Acrópole, em Atenas. Sem saber que duvidava, Freud se surpreendeu com o próprio pensamento "então tudo isso existe realmente, tal como nós aprendemos na escola!?" (Freud [1936]2010, p. 439). O súbito pensamento foi acompanhado de um sentimento de desrealização que revelava uma clivagem. Coexistiam, lado a lado, duas atitudes a respeito da existência da Acrópole. A percepção da cidadela revelava que uma corrente estabelecia sua existência, enquanto outra a tratava como uma construção ficcional, comparável ao monstro do Lago Ness. Todo o esforço de teorização a que se entregou, em seguida, buscava escapar do sentimento de desrealização, cujos efeitos acompanharam Freud por décadas.

O falseamento do passado histórico e a elevação da Acrópole a uma existência quase fantástica indicavam a instabilidade do juízo de existência, sujeito a sofrer vacilações até mesmo diante de algo que parece bom demais para ser verdade. Esse fenômeno fugaz indica que, entre os modos de lidar com o excesso, está a divisão do Eu e o desinvestimento.

A realização de um projeto fálico, vivida como excesso, exigiu uma defesa que não rejeitou completamente a marca de existência da Acrópole, mas, em um gesto de divisão, conferiu-lhe uma dimensão fantástica, reveladora da continuidade entre a realidade humana e a ficção.

No exemplo do rei mouro espanhol que, para evitar a sensação de impotência, manda matar o mensageiro, vislumbramos as forças psíquicas em jogo em sensações de estranhamentos que servem ao Eu para manter algo distante via desrealização (desinventimento de uma fração da realidade) ou despersonalização (desinvestimento de uma fração do Eu).

Julia Kristeva (1994), psicanalista que se dedicou ao tema do *Unheimliche* em seu livro *Estrangeiro para nós mesmos*, sublinha a relação entre a angústia e o sobrenatural. O sobrenatural seria primeiramente choque, espanto, coisa insólita – a qual, mesmo quando se reúne à angústia, preserva esse aspecto de infortúnio que conduz o Eu além da angústia até a despersonalização.

É de Kristeva (1982) também o conceito de abjeto, desdobrado do *Unheimliche* freudiano, mas com características próprias: um sentimento de repulsa no reencontro com o que de si é expulso para constituição dos limites, nem sujeito, nem objeto.

> *O nojo alimentar é, talvez, a forma mais elementar e arcaica de abjeção. Quando essa pele na superfície do leite, inofensiva, fina como a folha de papel do cigarro, desprezível como restos cortados de unhas, apresenta-se aos olhos, ou toca os lábios, um espasmo da glote (...) Com a vertigem que nubla a visão, a náusea me contorce contra essa nata, e me separa da mãe, do pai que me apresentam-na. Desse elemento, signo de seu desejo, "eu" não quero nada, "eu" nada quero saber, "eu" não o assimilo, "eu" o expulso. Mas porque esse alimento não é um "outro" para "mim", que sou apenas no desejo deles, eu me expulso, eu me cuspo, eu me abjeto no mesmo movimento pelo qual "eu" pretendo me colocar. (Kristeva, 1980, p. 10)*[4]

Essa noção tem suas raízes freudianas em *Pulsões e destinos das pulsões* (1915), *A negativa* (1925) e em *O mal-estar na civilização* (1930), quando a constituição de um fora – e, portanto o início do estabelecimento dos limites - é tributário do movimento de Eu-prazer-purificado: tendência de isolar do Eu e jogar para fora tudo o que pode se tornar fonte de desprazer.

Kristeva (1980, p. 5) aponta uma dimensão de estranheza na ab jeção, mais violenta que o "infamiliar" freudiano. Outro lado do limite, o abjeto perturba a ordem e a identidade.

A mobilização do que retorna convoca defesas contra a invasão que podem deter o processo afetivo via desafetação (McDougall, 1989). Nos momentos agudos, os esforços de neutralização ativam

> *uma defesa radical: o imobilismo mental - de fato, a morte psíquica aparente –, pois qualquer vitalidade pode provocar o desencadeamento dos afetos destrutivos ou*

4 Tradução nossa.

> *autodestrutivos. Nesse contexto, aparecem frequentemente signos de despersonalização, que podem não tomar a forma clássica da crise de despersonalização e traduzir-se, no paciente, numa sensação de estranheza e desdobramento, acompanhadas de impressões pseudoalucinatórias (...) São numerosos os pacientes que dizem viver numa espessa bruma e recordar um período de seu passado no qual esse estado era constante.* (Green, 2002, p. 217)

O campo da crise que instabiliza o sentimento de identidade porta uma gradação e heterogeneidade que Urribarri (2025) nomeia como espectro da clínica da estranheza. Em todos os polos desse gradiente estaria o abalo na estrutura narcísica primária, cujas repercussões impactam a função continente dos limites e a sensação de continuidade de existência, motivo pelo qual o autor propõe aos psicanalistas se engajarem no rastreio de uma formulação propriamente psicanalítica de identidade. A noção clássica de identidade precisaria, segundo ele, passar pela mesma expansão que a noção de sexualidade atravessou para chegar ao nosso campo. Já não reduzida à ideia de idêntico, racional, mas estendida a uma necessidade psíquica de manutenção de um sentimento de continuidade ligado ao afeto de existência.

A propósito do tema, diz Kristeva

> *todas as identidades são instáveis: a identidade dos signos linguísticos, a identidade do significado e, como consequência, a identidade do falante. E, para dar conta dessa desestabilização do sentido e do sujeito, achei que o termo "sujeito em processo" seria apropriado. Processo no sentido de transformação contínua, mas também no sentido de processo judicial em que o sujeito é levado a julgamento, – pois nossas identidades, ao longo da vida, são constantemente questionadas, levadas a julgamento e revogadas.* (Kristeva, 1989, p. 19)

A noção psicanalítica de juízo pode ser aqui resgatada com relação ao Eu e à realidade exterior. A identidade, nesse sentido, ao mesmo tempo que está em constante processo de transformação, pode ser posta em xeque em abalos na estabilidade mínima em relação ao autoreconhecimento na angústia despersonalizante. Uma subjetivação *sob judice*, que pode adquirir formas dramáticas.

Forças da loucura e forças de desligamento

Quando um véu de cobertura civilizatória é levantado, o sujeito entra em contato com o pulsional desarticulado ou momentaneamente desprovido da articulação adquirida até então. A intensidade sem suficiente desdobramento qualitativo entra em ebulição, fervilha e extravasa, fazendo impossível ao Eu caber em si mesmo. O assombro frente à duplicidade que contradiz a unidade de um Eu que, por sua vez, se pretendia senhor da própria morada responde à invasão de forças autárquicas de outras instâncias, embaralhando distinções organizadoras. Frente à reemergência conflitiva-limite, uma radicalização defensiva tenta uma neutralização.

No lampejo de loucura, a matéria pulsional indomada se realiza, e a excitação que toma o Eu testemunha forças dramáticas encobertas nas dobras de nossa humanidade. Tal infiltração causadora de embaralhamento atesta que somos inequivocadamente habitados por uma excentricidade radical mais extensa que um inconsciente estruturado como linguagem, como bem percebeu Freud, em 1923, quando agrega o Isso a suas formulações.

O excesso transbordante divide espaço no sujeito com as forças de desinvestimento produtoras de desligamento, chamadas em auxílio para apagar grandes incêndios. Elas podem atingir um grau de extensão desorganizador das estruturas adquiridas e do sentimento de Eu, uma vez erigido do caos e da mistura.

Os abalos no sentimento de unidade e até mesmo de existência, nesse caso, revelam um movimento de desligamento na direção do Eu que o faz sofrer vacilações intensamente perturbadoras.

A trajetória freudiana no campo da estética revela o impacto psíquico do afeto e confere um estatuto metapsicológico e clínico aos solavancos que põem em xeque o autorreconhecimento.

É verdade que o encontro com uma parte de si que escapa ao domínio da consciência, determinada por uma alteridade interna, é fundamental em qualquer processo analítico. A constatação de forças estranhas ao Eu – que retiram o sujeito da ilusão de controle sobre si e deslocam-no da posição ativa diante das próprias pulsões e defesas – é uma experiência profundamente marcante tecelã de uma análise. Ver-se como instrumento de uma entidade interna autônoma pode inaugurar um caminho de reencontro com a multiplicidade intrapsíquica num percurso feito de passos vacilantes sustentado pela escuta do psicanalista.

Mas o contato com esse estranho que nos habita é qualitativamente diferente da experiência radical de ser catapultado da vivência de continuidade, por meio do desinvestimento do afeto de existência, tal como testemunha a despersonalização.

A vertiginosa perda do sentimento de identidade, que Iannini (2024) chama "Para além do princípio de realidade" e que Urribarri (2025) nomeia "Além do princípio de identidade" segue exigindo pesquisas.

A inquietação que irrompe, desconcertante, abre uma fenda por onde pode emergir uma subjetivação ainda por se realizar. Como toda angústia, carrega em si um ponto de imantação, núcleo vivo que pulsa e pode se converter em caminho de trabalho. Um ruído sutil a ser escutado na intimidade da situação analítica.

Tal como Freud surpreendido por seu próprio reflexo na porta do trem, lançado ao confronto inesperado consigo mesmo, o solavanco pode inaugurar um percurso de (re)conhecimento: um reencontro com demônios alojados às margens do Eu, que emergem com força, ameaçam tomar posse e, por vezes, conduzem a rituais dramáticos de exorcismo.

Referências

Azevedo, B. (2011). *Crise pseudoepiléptica: corpo, histeria e dor psíquica* (Coleção Clínica Psicanalítica). Casa do Psicólogo.

Azevedo, B. (2012). Das Unheimliche no corpo. *Jornal de Psicanálise, 45*(82), 161-174.

Baudrillard, J. (1991). *Simulacros e simulação*. Lisboa. Relógio D'Água. (Trabalho original publicado em 1981)

Freud, S. (1936). Brief an Romain Rolland (Eine Erinnerungsstörung auf der Akropolis). In S. Freud, *Gesamtausgabe Band 20 1934-1939*. https://psychosozial-verlag.de/pdfs/leseprobe/9783837924206.pdf.

Freud, S. (2003). Lo ominoso. In S. Freud, *Obras completas de Freud* (Vol. 17, pp. 219-251). Amorrortu. (Trabalho original publicado em 1919)

Freud, S. (2010a). O mal-estar na civilização. In S. Freud, *Obras completas* (Vol. 18). Companhia das Letras. (Trabalho original publicado em 1930)

Freud, S. (2010b). Um distúrbio de memória na Acrópole [1936]. In S. Freud, *Obras completas* (Vol. 18). Companhia das Letras. (Trabalho original publicado em 1936)

Freud, S. (2013). As pulsões e seus destinos. In S. Freud, *Obras incompletas de Sigmund Freud*. Autêntica. (Trabalho original publicado em 1915)

Freud, S. (2019). Sobre o sentido antitético das palavras primitivas. In S. Freud, *Obras incompletas de Sigmund Freud*. Autêntica. (Trabalho original publicado em 1910)

Freud, S. (2020). Além do princípio de prazer. In S. Freud, *Obras incompletas de Sigmund Freud*. Autêntica. (Trabalho original publicado em 1920)

Freud, S. (2021). A negação. In S. Freud, *Obras incompletas de Sigmund Freud*. Autêntica. (Trabalho original publicado em 1925)

Green, A. (1988). Um, outro, neutro: valores narcisistas do mesmo. In A. Green, *Narcisismo de vida, narcisismo de morte*. (Trabalho original publicado em 1976)

Green, A. (1988). Angústia e narcisismo. In A. Green, *Narcisismo de vida, narcisismo de morte*. (Trabalho original publicado em 1979)

Green, A. (2010). Sobre la discriminación y la indiscriminación afecto-representación. In A. Green, *El pensamiento clínico*. Amorrortu. (Trabalho original publicado em 2002)

Hoffmann, E. T. A. (2010). *O homem da areia* (Coleção Novelas Imortais). Rocco Jovens Leitores. (Trabalho original publicado em 1817)

Iannini, G. (2024). *Freud no século XXI* (Vol. 1). Autêntica.

Kristeva, J. (1980). Pouvoirs de l'horreur: essai sur l'abjection (A. D. S. Sena Trad.). Éditions du Seuil. *Approche de l'abjection*, pp. 07-27.

Kristeva, J. (1989). In J. Kristeva, & S. Sellers, A question of subjectivity – an interview. *Women's Review 12*.

Kristeva, J. (1994). *Estrangeiros para nós mesmos*. Rocco.

Mc Dougall, J. (1991). *Em defesa de uma certa anormalidade: teoria e clínica psicanalítica*. Artes Médicas. (Trabalho original publicado em 1978)

McDougall, J. (2018). *Teatros do corpo*. Martins Fontes. (Trabalho original publicado em 1989)

Urribarri, F. (2025). *Além do princípio de identidade: o mal-estar na subjetivação*. (Apresentação oral). SIG.

Winnicott, D. W. (1990). *Natureza humana*. Imago, 1990. (Trabalho original publicado em 1988)

Winnicott, D. W. (1993). *Textos selecionados: da pediatria à psicanálise*. Francisco Alves (Trabalho original publicado em 1958)

Winnicott, D. W. (2022). A integração do ego no desenvolvimento da criança. In D. Winnicott, *Processos de amadurecimento e ambiente facilitador*. (Trabalho original publicado em 1962).

8. Decameron: faces da desobjetalização e o relançar de laços[1]

Sonhei que eu estava na China com meus amigos, a gente parou numa banquinha de rua e o atendente era tão bonito que eu me apaixonava. Ele me dizia que ia me levar até o hotel, só que quando chegávamos lá ele se transformava em uma barata, tipo Kafka.

Eu sentia nojo, medo e saía correndo. Então apareceu um policial tipo mib que me dizia "que bom que você não teve maior contato com ele, ele iria sugar sua energia".

Por um triz...

As coisas do mundo só adquirem sentido na medida em que passam por um movimento psíquico de investimento. Trata-se de uma constatação, quem sabe, óbvia essa, para um psicanalista, mas a respeito da qual me vi refletindo ao tentar metabolizar os efeitos contratransferenciais de uma sessão.

1 Publicado originalmente no *Jornal de Psicanálise* 53(99), 235-248. 2020.

Era a terceira semana de quarentena, e meu consultório, como o da maioria, havia migrado para o formato virtual. Eu aguardava por Rebeca, paciente cujo trabalho de análise já durava 1 ano. Ela, ao que parecia, não estava entre aqueles especialmente sensíveis à imperiosa mudança do enquadre pela qual passávamos. Recebeu bem a mudança, compreendia a necessidade do isolamento, exasperava-se de ver a posição negacionista de amigos e governantes. Continuava a trazer suas angústias que, naquele momento, giravam em torno de um relacionamento que exigia dela uma particular dança de aproximações cuidadosas que evitasse espantar o parceiro. Sempre que a proximidade aumentava e a fazia sentir que estavam se envolvendo, ela era surpreendida por um pedido de tempo para que ele pudesse entender o que sentia. No início da quarentena, ele quis ficar com ela, há 10 dias já não mais, nem sabia se aguentava manter algum envolvimento. Ela, então, voltou a estar sozinha em sua casa, trabalhando muito, como sempre fez. É uma moça que se construiu por si mesma, por meio de seu trabalho e estudo, vinda de uma família descrita como simples em todos os sentidos. Ainda que tivessem boa vontade, intuía não poder contar com os pais em nenhuma dimensão que pudesse vir a precisar. Isso eu já sabia de ouvi-la dizer, mas sua solidão e desamparo ganharam corpo e uma violência que, contratransferencialmente, pude agora sentir de modo vívido.

Sem aviso prévio, recebo uma mensagem que me fazia saber que estavam impossíveis as sessões virtuais, e que não mais viria. Fico surpresa, confusa, pergunto-me de onde vinha aquilo e como não escutei algo assim se desenhando. Será que me enganei imaginando poder manter as análises nessas condições de isolamento? Contenho minhas dúvidas e sustento que a aguardaria para a sessão.

Ela aceita se conectar, e a violência do desinvestimento que se apresentou me deixou preocupada, chegando a alcançar em mim um mal-estar físico. Com uma vigorosa barreira montada e uma agitação impaciente, ela me diz que está insuportável tanto computador. Precisava trabalhar virtualmente o dia inteiro e não queria *happy hour* virtual, análise remota, ou qualquer desses encontros que não só não satisfazem, como também chegam a fazer mal já que, no fundo, se sabe sozinha. Animada por essa constatação desiludida, até mesmo dos grupos todos de WhatsApp havia se retirado. Preferia curar as ansiedades no banho e ficar quieta em sua cama sem contato algum. Fico sabendo que andou pensando sobre os tempos de guerra, em especial sobre o papel da comunidade nesses momentos. Consigo marcar o que ela mesma formulava, mas havia um movimento de desesperança bastante radical, que parecia denunciar certo truque nas relações: todos dizem "estou aqui, você não está só", mas, no fundo, cada um tem sua vida, e ela estava sozinha. As pessoas imaginam compreender, mas, em suas posições amorosas privilegiadas, ninguém vive a solidão que ela sente. Falamos sobre essas ideias, e sustento que não era hora de interromper análise alguma, eu estaria aguardando por ela em nosso horário. Surpreendo-me quando ela consente e desligo sentindo o peso do que acabava de viver.

O que seria esse corte abrupto de laços? Por que o virtual perdia o sentido de encontro potencial? Como entender esse recolhimento que me parecia tão nocivo e infértil? E, ainda, qual a relação entre tal fechamento obstinado travestido de lucidez e sua recente desilusão amorosa?

Minha impressão era de ter se levantado um véu, o que a levava a testemunhar, de um só golpe, a crueza de uma dura realidade, cujo impacto não atingia apenas a relação com o rapaz, mas estendia seus efeitos ao conjunto de seus investimentos amorosos vitais. "Rebeca, tire o vestido, você não é mais noiva!"[2] Analista e analisanda cúmplices por um momento na captura pelo infortúnio?

---

2 Referência à citação de Freud em carta a Fliess (1950[1892-99]/2001a) para se referir a sua própria desilusão no abandono de sua teoria da sedução.

Esgotar a tormenta e o reaprumar de penas

Naquele mesmo dia, eu me vi numa urgência interna de começar a ler o *Decameron*, sobre o qual já tinha ouvido falar, mas nunca lido por mim mesma. O livro, de Giovanni Boccaccio, foi escrito entre 1348 e 1352, período que compreendia os meses durante e após a peste negra de 1348, e eu sabia se tratar de cem novelas, enquadradas no marco de uma história única que se desenrolava durante a peste. A aventura era vivida por dez jovens que se refugiaram no campo para, juntos, se entreterem narrando histórias e passarem pelo tempo de espera necessário enquanto os horrores da doença faziam suas vítimas em Florença.

A seguir, recorro a trechos dessa leitura que, em mim, revelava-se imprescindível naquele momento:

> *Digo, pois, que os anos da frutífera encarnação do Filho de Deus já haviam chegado ao número 1348 quando, na insigne cidade de Florença, a mais bela de todas as da Itália, ocorreu uma peste mortífera, que – fosse ela fruto da ação dos corpos celestes, fosse ela enviada aos mortais pela justa ira de Deus para correção de nossas obras iníquas – começara alguns anos antes no lado oriental, ceifando a vida de incontável número de pessoas e, sem se deter, continuou avançando de um lugar a outro até se estender desgraçadamente em direção ao ocidente. E, de nada havendo servido os saberes e as providências humanas, como a limpeza das imundícies da cidade por funcionários encarregados de tais coisas, a proibição de entrada dos doentes e os muitos conselhos dados para a conservação da salubridade, e tampouco encontrando efeito as humildes súplicas feitas a Deus pelos devotos, não uma vez, mas muitas, em procissões e de outros modos, era já quase início da primavera do ano acima quando começaram a*

manifestar-se de maneira prodigiosa seus horríveis e dolorosos efeitos. Não se manifestavam como na parte oriental, onde expelir sangue pelo nariz era sinal manifesto de morte inevitável, mas começavam com o surgimento de certas tumefações na virilha ou nas axilas de homens e mulheres, algumas das quais atingiam o tamanho de uma maçã comum e outras o de um ovo, umas mais e outras menos, e a elas o povo dava o nome de bubões... a qualidade da enfermidade começou a mudar, passando a manchas negras ou lívidas, que em muitos surgiam nos braços, nas coxas e em qualquer outra parte do corpo, umas grandes e ralas, outras diminutas e espessas. E, tal como ocorrera e ainda ocorria com o bubão, tais manchas eram indício inegável de morte próxima para todos aqueles em quem aparecessem.

E a peste ganhou maior força porque dos doentes passava aos sãos que com eles conviviam, de modo nada diferente do que faz o fogo com as coisas secas ou engorduradas que lhe estejam muito próximas. E mais ainda avançou o mal: pois não só falar e conviver com os doentes causava a doença nos sãos ou os levava igualmente à morte, como também as roupas ou quaisquer outras coisas que tivessem sido tocadas ou usadas pelos doentes pareciam transmitir a referida enfermidade a quem as tocasse. É espantoso ouvir aquilo que devo dizer...

De tais coisas e de muitas outras semelhantes ou piores originaram-se diferentes medos e imaginações nos que continuavam vivos, e quase todos tendiam a um extremo de crueldade, que era esquivar-se e fugir aos doentes e às suas coisas; e, assim agindo, todos acreditavam obter saúde. Alguns, considerando que viver com temperança e abster-se de qualquer superfluidade ajudaria muito a resistir à doença, reuniam-se e passavam a viver separados dos outros, recolhendo-se e encerrando-se em casas onde não houvesse nenhum enfermo e fosse possível viver melhor, usando com frugalidade alimentos delicadíssimos e ótimos vinhos, fugindo a toda e qualquer luxúria, sem dar ouvidos a ninguém e sem querer ouvir notícia alguma de fora, sobre mortes ou doentes, entretendo-se com música e com os prazeres que pudessem ter. Outros, dados a opinião contrária, afirmavam que o remédio infalível para tanto mal era beber bastante, gozar, sair cantando, divertir-se, satisfazer todos os desejos possíveis, rir e zombar do que estava acontecendo; e punham em prática tudo o que diziam sempre que podiam, passando dia e noite ora nessa taverna, ora naquela, bebendo sem regra nem medida ...

E, em meio a tanta aflição e miséria da nossa cidade, a veneranda autoridade das leis divinas e humanas estava quase totalmente decaída e extinta porque seus ministros e executores, assim como os outros homens, estavam mortos ou doentes, ou então se encontravam tão carentes de servidores, que não conseguiam cumprir função alguma; por esse motivo, era lícito a cada um fazer aquilo que bem entendesse...

Outros tinham sentimento mais cruel (se bem que talvez fosse a atitude mais segura) e diziam que contra a peste não havia remédio melhor nem tão bom como fugir; e, convencidos disso, não se preocupando com nada a não ser consigo, vários homens e mulheres abandonaram sua cidade, suas casas, suas propriedades, seus parentes e suas coisas, buscando os campos da sua região ou das alheias, como se com aquela peste a ira de Deus não tencionasse punir as iniquidades dos homens onde quer que eles

> *estivessem, mas só afligisse aqueles que ficassem dentro dos muros de sua cidade, ou como se achassem que ninguém deveria ficar nela, chegada que era a sua hora derradeira. E, dentre esses que tinham tão variadas opiniões, embora não morressem todos, também nem todos se salvavam: ao contrário, adoeciam muitos que pensavam de modos diversos, em todos os lugares; e esses doentes, que, quando estavam sãos, tinham dado exemplo àqueles que agora continuavam sãos, definhavam quase abandonados por todas as partes. E, sem contar que um cidadão evitava o outro, que quase nenhum vizinho cuidava do outro e que os parentes raramente ou nunca se visitavam, e só o faziam à distância, era tamanho o pavor que essa tribulação pusera no coração de homens e mulheres, que um irmão abandonava o outro, o tio ao sobrinho, a irmã ao irmão e muitas vezes a mulher ao marido; mas (o que é pior e quase incrível) os pais e as mães evitavam visitar e servir os filhos, como se seus não fossem. Por todas essas coisas, para a multidão incalculável de homens e mulheres que adoeciam não restava outro socorro senão a caridade dos amigos (e destes houve poucos) ou a ganância dos serviçais, que trabalhavam em troca de gordos salários e acordos abusivos, se bem que com tudo aquilo não restassem muitos: e os que havia eram homens ou mulheres de tosco engenho, a maioria não acostumada a tais serviços, que só serviam para pôr nas mãos dos doentes algumas coisas que estes pedissem ou para velar a sua morte; e, cumprindo tal serviço, muitas vezes pereciam junto com seus ganhos. (pp. 12-16)*

As linhas que abrem o *Decameron*, entre tantas qualidades que conservam o texto vivo há quase sete séculos, ainda nos dão a ver que qualquer que seja a pandemia pela qual passemos, ela não nos encontra a todos nas mesmas condições sociais ou psíquicas. Nem todos dispomos dos mesmos caminhos abertos, nem padecemos dos mesmos modos. Há quem diga que a doença nos aproxima a todos, mas é também verdade que ela radicaliza as diferenças de condições. Não são a mesma a quarentena vivida por minha paciente, cuja solidão lancinante a fazia se sentir abandonada por todos, e aquela de quem pode cumprir as orientações de ficar em casa e ainda se sentir acompanhado. Não são o mesmo o que vivíamos ela e eu, tendo uma casa e um trabalho que nos permitissem um isolamento social, e o que experimentam aqueles cuja precariedade social e econômica obrigava-os a escolher entre se expor a morrer de fome ou de doença.

São muitas as diferenças reais que não se podem encobrir na clínica nem tampouco no plano coletivo. Há algo desse pedido de reconhecimento que se fez ouvir com violência naquela sessão. Depois daquela vieram outras, nas quais o risco ao vínculo já não ameaçava tão diretamente a análise, mas aparecia nos relatos de ter expulsado a amiga preocupada que foi até sua casa ver se ela estava bem; ou nos sonhos, como o que abriu este trabalho; e também quando, assustada, reconheceu estar dispersa, improdutiva e com dificuldade de pensar no escritório, seu costumeiro território de segurança e potência.

A degradação de si e do outro, num metamorfosear ameaçador de vínculos, permite recortar um dos movimentos observados como reação às exigências impostas pela quarentena: um desinvestimento de si e das relações, o isolamento que se torna literal e ganha ares de abandono no deserto, precipitando uma retirada desesperançosa da aposta. Sob certas condições, as oscilações progredientes e regredientes pelas quais navega a vida psíquica podem alcançar um nível de desintrincação tal capaz de acionar uma busca por manter a tensão da vida anestesiada.

Quando o retraimento se faz ouvir, os laços que nos unem ao mundo revelam-se não naturais, não garantidos e passíveis de subtração. Não foi justamente com base na situação radical de destruição dos laços na psicose que Freud precisou formular o conceito de narcisismo? Como se dá um investimento no Eu e por que dele partem para encontrar objetos?, perguntava-se Freud.

André Green (1993/2010) nomeia o trabalho de "Eros" justamente como função objetalizante. Não apenas Eros investe objetos, mas é capaz de promover à condição de objeto, até mesmo estruturas ou elementos que, por suas qualidades e atributos, não parecem se prestar naturalmente a tanto. Basta que no trabalho psíquico realizado se mantenha o investimento significativo. O Eu pode ser objetalizado, como mostrava Freud em 1914, e também o próprio investimento pode ser investido. Com o exemplo do fotógrafo, Green (1990) faz ver que o objeto não se encontra apenas na fotografia, ou no fotografado, mas também na própria atividade de fotografar e no interesse pela fotografia.

A fertilidade dessa concepção é seu potencial de fazer notar que aquilo que é objetalizado por um trabalho de Eros pode sofrer o destino inverso por desligamento: os laços com a cultura, com os amores e com o Eu podem ser desinvestidos, apagados e perder coloração.

Embora, em 1914, Freud (1914/2003) demonstrasse que uma retração possa ser estratégica e curativa, buscando reencontrar no Eu alguma vitalidade, tal como no trabalho de luto ou no poeta com dor de dente, cuja libido se concentrava no estreito orifício de um molar, ele também adverte que "devemos começar a amar a fim de não adoecermos, e estamos destinados a cair doentes se, em consequência da frustração, formos incapazes de amar" (p. 82).

É dessa deriva que Green vai se ocupar ao considerar os destinos nefastos do narcisismo negativo, que não só desliga dos objetos, como atinge até mesmo o próprio Eu numa busca por aquietar as tensões que leva a desinvestir as próprias bases libidinais e identificatórias.

Quando se refere ao Princípio de Nirvana, Freud (1920/2001b) aborda essa tendência mortífera à eliminação das excitações, já intuída desde o início de sua obra, quando falava em Princípio de

Inércia (Freud, 1950[1895]/2001d). A eliminação de tensões se insinuava desde então no horizonte, e suas relações com o prazer sempre foram enigmáticas. A solução de 1924 é que essa tendência destrutiva só seria contornada pelo trabalho da libido, realização testemunhada pelo masoquismo erógeno primário. O sexual, afinal, que viria frear a tendência ao desligamento, permitindo um desvio da morte, é resultado do trabalho do objeto. Um reservatório de libido tal – tributário do narcisismo primário – precisa de circulação e reabastecimento, daí a necessidade de amar, aventura para fora, cujas demandas de trabalho de luto levam a eventual recolhimento libidinal.

Em nível pessoal, portanto, a exigência do isolamento social tende a impor uma sobrecarga ao Eu e limitar seus recursos eróticos. Lembro-me de outra paciente que, preocupada com sua falta de interesse sexual, se viu mais acompanhada ao ouvir de uma amiga que "quem estava transando muito só poderia não estar lendo os jornais". Embora convenha descolá-la da concretude proposta, a sabedoria nas palavras da amiga está em sentenciar uma reorganização libidinal em curso diante dos acontecimentos. Uma reorganização que pode envolver um retraimento libidinal de alcances heterogêneos, alguns deles violentos em sua radicalidade.

O vírus ou o isolamento social não são, em si, imediatamente traumáticos, o trauma em Psicanálise fala mais dos efeitos que do fato em si. Fala da comoção envolvida em conter uma inundação e não está em relação direta com o tempo do acontecimento, ainda que, enquanto acontecimento capaz de romper com o regular e previsível, ofereça à experiência um potencial traumático.

No caso da pandemia, trata-se de mais que uma crise sanitária, estende-se como fato social, econômico e político, cujo ruído se faz escutar também em nível cultural. Um rompimento na uniformidade cotidiana e um clima de ameaça invisível diante da qual o desamparo inicial (*Hilflosigkeit*) tende a ser acionado.

Em *O futuro de uma ilusão*, Freud (1927/2001c) aborda os destinos culturais do desamparo, a busca de alento e a nostalgia de um pai protetor, origem da religião, do fanatismo e da tirania. Segundo ele, a natureza tem uma dimensão hostil e ameaçadora, diante da qual o homem se vê fraco e desamparado, e possivelmente sem possibilidades de sobrevivência, a não ser se juntando para fundar a civilização.

E o que acontece quando a impotência sentida se soma ao descrédito quanto à disposição ou competência do entorno em garantir alguma segurança? Quando as autoridades falham em manter qualquer ilusão de amparo e proteção e os limites da ciência demandam, além disso, uma espera, encontramos uma exigência social de trabalho com a vulnerabilidade inequívoca. Uma vez mais, a resposta coletiva e o trabalho da cultura acenam como um caminho. Reforçar os laços comunitários de amparo diante dos limites do humano converte-se em urgência, ainda que estejamos cientes, desde Freud, de que, da cultura, provenha irremediavelmente também o mal-estar, e que o estado sem conflito seja apenas promessa destinada à decepção.

Retomar voo...

Pontalis (1988/2003) nos lembra que civilização tem menos a ver com progresso que com processo e que, enquanto processo a ser sempre retomado, permite confiar no movimento civilizatório. O mesmo autor, que, em 1977, já falava sobre o trabalho da morte na cultura, afirma: "os homens de hoje levaram tão longe o domínio das forças da natureza, que, com a ajuda delas, tornou-se fácil para eles exterminarem-se mutuamente, até o último" (Pontalis, 1977/2005, p. 41). Uma tal ilusão de domínio intransigente da natureza sofre um abalo brutal no contexto pandêmico. Há as saídas negacionistas, que com malabarismos de fatos e números tentam escamotear a injúria e a gravidade da questão. Ou, ainda, aquelas melancólicas, de renúncia à luta em favor da certeza da derrota. Com efeito, a manutenção do investimento diante das incertezas no horizonte configura um desafio.

Na perda da costumeira relação espaçotemporal, os efeitos do desinvestimento podem ser sentidos na experiência do tempo. A impressão geral é de experimentar uma suspensão temporal descrita como estranha. Uma pessoa me dizia sentir-se aprisionada no filme *Feitiço do tempo*, em que o personagem está condenado a um eterno retorno, ao acordar sempre no mesmo dia. O "tempo morto", metáfora temporal usada por Green (1975) para falar do desinvestimento radical e da experiência além da neurose, é também utilizado por Silvana Rea (2020) para marcar o fenômeno coletivo do tempo fora do tempo ordinário, próximo da estranha lentidão que caracteriza um recurso de linguagem cinematográfica nomeado dessa maneira.

Trata-se de uma experiência coletiva-limite, exigente de uma reorganização espaçotemporal, uma vez que interrompe a marcha e a mobilidade, subtrai os espaços de trânsito e transição e deflagra um movimento circular de repetição que esboça fazer colapsar a função poiética de criação de sentido. Tempo morto é quando a ausência deixa de ser presença potencial, não sendo possível manter a objetalização, "equivalente crônico do espaço vazio" em que se vê em ação "o poder suspensivo do desinvestimento" (Green, 1975, p. 158). A experiência ameaça deixar de ser sentida de forma viva, simbolizante, numa oposição dialética com o que seria o tempo transicional (Winnicott, 1971), aquele que emerge na ausência, conferindo possibilidades potenciais. "Se a ausência oscila entre a presença e a perda potenciais, se é expressão do virtual, agora vai mudar de status. O tempo potencial se converte em tempo morto". (...) "Esta mortificação da psique tem a vantagem de prevenir contra as angústias impensáveis, as torturas da agonia" (Green, 1975, p. 159) com o inconveniente de que o remédio, mal-administrado, transforme-se em veneno.

Há uma gradação heterogênea de suspensão e desinvestimento, alguns deles férteis num movimento que se segue à ligação e lança-se à religação, outros que se figuram como saídas melancolizantes capazes de precipitar a desconexão temida, num encastelamento de onipotência negativa, que tenta funcionar como antídoto contra o abandono, quando, paradoxalmente, o antecipa, numa "espera na qual não se espera nada", em que reconhecemos perplexos "o abandono da luta" (Green, 1975, p. 158).

O analista, ciente da importância da circulação libidinal e do movimento, sem resvalar em um frenesi negacionista e triunfalista, se vê em um desafio em nível pessoal e coletivo de manutenção de investimentos significativos, de encontrar maneiras de reobjetalizar o próprio investimento, promover ligações e não (se) deixar morrer de sede em um deserto de isolamento. A recuperação de uma dialética fecunda entre ligação e desligamento passa por um trabalho do analista com foco em sobreviver (Winnicott, 1971).

Que modelo nos oferecem os dez jovens de Boccaccio diante da peste?

Esses três homens e sete mulheres, juntos em retiro na montanha, organizaram sua rotina de maneira que a cada dia um deles seria escolhido rei ou rainha da jornada e definiria o tema geral sobre o qual cada um dos dez contaria uma história. São dez histórias por dia, que envolvem e fazem rir, mas que, sobretudo, trazem o homem em sua humanidade.

Eles não só logram passar o tempo, mas também se envolvem na tarefa, investem o investimento, tecendo histórias humanas, situações possíveis, fazendo entrar, por intermédio das narrativas criativas, as experiências de amor, morte, paixão, traição, entre outros enredos de quem vive.

A Psicanálise, em sua aposta na palavra, ainda que ciente de sua precariedade, faz resistência ao confinamento estéril. Em nível individual, o analista participa dessa resistência buscando engajar o paciente também nesse empreendimento, reconhecendo e legitimando os movimentos de ligação que buscam fazer frente à destrutividade voltada até mesmo para o próprio psiquismo. Pode testemunhar a violência do desligamento e, quem sabe, favorecer e acompanhar o relançar de laços que aparecem em atos despretensiosos como a compra de uma vitrola para escutar os vinis antigos, ou voltar a tocar o instrumento musical aprendido na infância, resgates autoeróticos estes que tornaram o recuo de Rebeca potente. Vai-se um amor, fica a capacidade de amar.

Nessa função junto ao paciente, o próprio analista se percebe, ele mesmo, renovando seu compromisso com o ofício. Não é curioso como com analistas confinados, paradoxalmente, a Psicanálise tenha conseguido, de forma coletiva, criar redes e lançar-se mais para fora, com uma mobilidade capaz de virtualmente alcançar a rua e as comunidades que não costumava abranger? É impressionante perceber a quantidade de dispositivos institucionais criados pelas organizações de psicanalistas, nas diferentes partes do Brasil e do mundo, para oferecer escuta e acolhimento comunitário.

A Psicanálise tem redescoberto seus laços com o social e engajado-se em seu papel diante de um acontecimento de tamanho impacto social, salvando-se ao manter, em seu trabalho, um espaço de investimento de seu fazer e pensar. Seria o que Magda Khouri (2020) trabalha, em seu artigo "O vírus não é uma metáfora", quando fala de uma cura a dois?

Uma cura que pode passar também pela constituição de uma comunidade entre pares a quem recorrer, amigos com quem contar nesse intento de nos manter pensando, narrando, invocando o que a palavra pode tocar, recobrir e despertar, partilhando o vivido para metabolizá-lo, auxiliando numa apropriação subjetiva (parcial) do acontecido e, assim, sustentar-nos, ainda que provisoriamente, vitalizados e vitalizantes. Uma renovação da aposta na ligação, na humanização da dor e em alguma construção de sentido possível.

Com esse poema, presente que ganhei de Rebeca, finalizo agradecendo àqueles que, com seus laços, intelectuais e afetivos, me mantêm vitalizada, não apenas durante a pandemia.

Apelidaram-me um dia de Ave-serena.

Fui então observar a serenidade das aves.

Observei noites e dias. E aprendi que, se a serenidade for a condição prima da ave, a ela, mesmo em momentos de profunda tormenta, caberá reaprumar o corpo, avaliar a condição de voo e de pouso, e seguir adiante. Se for dela a serenidade, mesmo quando em breves, raros, mas mortais instantes, suas penas, aquelas que recobrem o peito – exatamente na área do coração –, se eriçarem diante da desventura de um espaço que ela não domina e desconhece, caberá à ave esgotar a sua própria tormenta e se reerguer depois. À ave serena não é permitido cultivar o engano, ela sabe que o amor – dom maior da serenidade e do desespero – se realiza ou se anula por um triz.

(Conceição Evaristo)

Referências

Boccaccio, G. *Decameron*. https://www.academia.edu/35011473/Decameron_Giovanni_Boccaccio

Evaristo, C. (2017). *Poemas da recordação e outros movimentos* (3a ed.). Malê.

Freud, S. (2000). El problema económico del masoquismo. In S. Freud, *Obras completas* (Vol. 19, pp. 161-176). Amorrortu. (Trabalho original publicado em 1924)

Freud, S. (2001a). Fragmentos de la correspondencia com Fliess. Carta 69. In S. Freud, *Obras completas* (Vol. 1, pp. 211-323). Amorrortu. (Trabalho original publicado em 1950 [1892-1899])

Freud, S. (2001b). Más allá del principio de placer. In S. Freud, *Obras completas* (Vol. 18, pp. 1-62). Amorrortu. (Trabalho original publicado em 1920)

Freud, S. (2001c). El porvenir de uma ilusión. In S. Freud, *Obras completas* (Vol. 21, pp. 1-56). Amorrortu. (Trabalho original publicado em 1927)

Freud, S. (2001d). Proyecto de psicología. In S. Freud, *Obras completas* (Vol. 1, pp. 323-447). Amorrortu. (Trabalho original publicado em 1950 [1895])

Freud, S. (2003). Introducción del narcisismo. In S. Freud, *Obras completas* (Vol. 14, pp. 65-98). Amorrortu. (Trabalho original publicado em 1914)

Green, A. (1975). El tiempo muerto. In A. Green, *La diacronía en psicoanálisis*. Amorrortu.

Green, A. (1990). *Conferências brasileiras de André Green: metapsicologia dos limites.* Imago.

Green, A. (2010). Pulsão de morte, narcisismo negativo, função desobjetalizante. In A. Green, *O trabalho do negativo*. Artmed. (Trabalho original publicado em 1993)

Khouri, M. (2020). O vírus não é uma metáfora. *Revista Psicoanálisis,* 25, Peru.

Pontalis, J.-B. (2003). *Perder de vista: da fantasia de recuperação do objeto perdido*. Jorge Zahar. (Trabalho original publicado em 1988)

Pontalis, J.-B. (2005). *Entre o sonho e a dor*. Ideias & Letras. (Trabalho original publicado em 1977)

Rea, S. (2020). O tempo morto. *Observatório Psicanalítico*. (Publicação virtual Febrapsi)

Winnicott, D. W. (1971). *O brincar e a realidade*. Imago.

9. Hiperconectividade e autocancelamento: o Eu em tempos de excesso[1]

Narcisismo em queda livre

Diz um provérbio, citado por Zygmunt Bauman (2000/2021, p. 149), que "os homens se parecem mais com seu tempo do que com seus pais". Começo este capítulo recortando duas situações clínicas de sofrimento que trazem as tintas do nosso tempo.

A primeira é de uma adolescente que tentou suicídio após uma atitude sua exposta na internet. Sentindo-se revelada como uma péssima pessoa, imaginou não ter mais ambiente para viver, tamanha falha pública, e, impulsivamente, ameaçou a própria vida.

A outra é de uma jovem mulher que não suportava ter rede social: ver a conquista dos outros a perturbava e sentir-se constantemente avaliada era ainda pior. A leitura autorreferente do *feed* alheio a remetia, por contraste, à própria vida. Por vezes, pontualmente, voltava a se conectar, o que me dava a oportunidade de testemunhar

---

1 Baseado na apresentação na mesa-redonda "O Eu em tempos de excesso", no 29° Congresso Brasileiro de Psicanálise da Febrapsi, realizado em Campinas (2023) e publicado na *Ide*, 46(78), 89-98, 2024.

a persecutoriedade deflagrada. Sentia-se claramente em perigo, exposta a riscos em seu olhar sobre si mesma. A mobilização narcísica, insuportável nas redes, era apenas uma versão virtual da crítica vigilante que também a torturava nos encontros sociais: assombrada pela ameaça de deslizes de inadequação, era lançada num escrutínio feroz de seus movimentos, o que tornava penosa cada uma dessas interações.

Surge *Black mirror* como associação: em sua incrível capacidade de construir distopias tão malucas quanto precisas, o episódio *Queda livre* (Wright, 2016) ofereceu uma caricatura do que os fragmentos clínicos me faziam ver.

A história se passa numa realidade, não tão distante, na qual cada pessoa do mundo tinha sua existência avaliada por meio de um aplicativo. Pessoas bem-cotadas em escala de 0 a 5 recebiam descontos e eram incluídas em programações valorizadas. Notas baixas, por sua vez, rendiam a seus portadores olhares desconfiados de pena ou repulsa.

Na mão, todos estavam munidos de um celular, que, tal qual uma arma, era capaz de destruir uma reputação lapidada com esmero ao longo de dias, meses ou anos. Com um único clique, era possível "negativar" alguém, linguagem relativa a uma avaliação zero, mas também alusiva à ameaça de desaparecimento. A personagem principal, Lacie, era uma boa moça, de sorriso doce, treinado no espelho para capturar *likes*. O espectador acompanha seu dia a dia preenchido de relações artificiais muito mais alimentadas pela preocupação com a própria imagem que voltadas a um encontro genuíno. A cena de um café bonito, mas sem gosto, retrata seu lugar no mundo naquele momento.

Tudo começa a mudar quando nossa protagonista que, de tão submetida aos veredictos alheios, pouco merece essa denominação, se vê interessada em um pequeno aumento de escore para aquisição de um imóvel. Um consultor de imagem garantiu-lhe orientações. Ela descobre quão valoroso é ter amigas, não quaisquer, nem as de que mais gostasse, mas precisamente as com avaliação acima de 4,5. Pessoas como essas rendem admiração, alavancando a popularidade para novos níveis.

Foi assim que, pelas redes, retoma contato com uma amiga de infância bem-pontuada, cujas mágoas foram relevadas em nome do que importa: sua cruzada na direção de nota. Num único contato telefônico desde a adolescência, é surpreendida pelo convite para ser sua dama de honra e para, como amiga mais antiga, fazer um discurso bonito sobre ela. O convite nada desinteressado encomendava um tijolo a mais na construção de uma imagem vendável de si. Nessa corrida, ambas perseguiam o mesmo.

O frágil equilíbrio que caracterizava o início do episódio é quebrado pelo desespero que passa a enlouquecê-la. Na tentativa de chegar ao casamento da amiga, peça-chave para sua popularidade, descontrola-se com atendentes, esbarra em passageiros e grita impaciente tentando fazer com que ouçam sua urgência. Tudo o que vinha sendo contido com zelo ao longo de anos escapa numa sucessão de reações espontâneas de irritação. Deslizes imperdoáveis, implacavelmente punidos com redução de pontuação, que entrava em queda livre levando junto seu narcisismo.

Já não estava mais em jogo um aumento de nota, e sim uma espécie de sobrevivência. Sôfrega, como se lutasse para salvar um andaime que escorava seu ser, nossa heroína se lança em um vale-tudo descontrolado. Sem êxito no aeroporto ou no aluguel de um carro, apela para a tentativa de obter carona na rodovia, até ser finalmente resgatada por uma desconhecida motorista de caminhão pontuada como 1,4. Sendo Lacie agora uma 2,8, não podia se dar ao luxo de tentar sorte melhor.

Tal como uma espécie de psicanalista a interrogar o aprisionamento nessa lógica causadora de sofrimento, a motorista a conduz por uma estrada que mais parece uma fenda espaçotemporal, em que uma vida espontânea e desidealizada é ainda possível e valorizada.

Naquela cabine, deixar de submeter-se à tirania da imagem era comparável a tirar os sapatos apertados. Para o espectador, perplexo por acompanhar a opressão de uma sociedade tentando sustentar o insustentável, surge um alívio diante de alguém fora do transe, numa espécie de *Ensaio sobre a cegueira* (Saramago, 1991/2020).

À semelhança das situações clínicas descritas, a personagem de *Black mirror* não sofre de um delírio pessoal. Suas questões próprias estão incluídas no marco de um movimento cultural mais amplo. A caricatura não é particular, ainda que também o seja, mas de um movimento coletivo no qual estamos todos mais ou menos mergulhados.

A espetacularização digital

Guy Debord, já em 1967, em sua lúcida *A sociedade do espetáculo,* não apenas opera uma aguda análise crítica da sociedade de consumo moderna, como também anuncia o que viria a se tornar cada vez mais espetacularizado com o advento das mídias sociais.

Naquele momento, a internet não existia[2] e, portanto, não pode, sozinha, ganhar os créditos pela dinâmica enlouquecida que adquire contornos caricaturais em *Black mirror*. A tirania da imagem parece ter sido instrumentalizada pelas redes, ganhando novos alcances a partir de então.

Debord não entendia espetáculo como um conjunto de imagens, mas como relações sociais entre pessoas mediadas por imagens, reflexo da dominação da economia sobre a vida social. Passada a degradação do *ser* para o *ter*, haveria um deslizamento do *ter* para o *parecer*. O espetáculo "não deseja chegar a nada que não seja ele mesmo" (Debord, 1967/1997, p. 17). "Não diz nada além de 'o que aparece é

2 A internet surgiu nos anos 1960, nos Estados Unidos, na época da guerra fria e, para fins comerciais, no Brasil, apenas em 1995.

bom, o que é bom aparece'" (p. 17), ameaçando reduzir a vida humana à aparência, principal produção de uma sociedade do espetáculo.

Toda essa tendência descrita pelo filósofo francês não foi desmentida pelas dinâmicas que se apresentaram nos anos seguintes e fundamenta o cenário que hoje testemunhamos de substituição da busca por realização na corrida para ser famoso. A ascensão de influenciadores digitais que, adornando a realidade com filtros sedutores, capitalizam a própria imagem para assuntos diversos escancara a pouca relação entre consistência e sucesso.

Mais de 10 anos depois de Debord, o consumo desenfreado de imagens e o culto a si mesmo são reafirmados por Christopher Lasch (1979), em *Cultura do narcisismo*. Sua análise das sociedades ocidentais burguesas e das mazelas de seu tempo enfoca o individualismo competitivo e a corrida por satisfação. A descrença política após os movimentos de vanguarda dos anos 1960 é interpretada como responsável pela posterior concentração americana em interesses pessoais. Já não capazes de dar a vida por um ideal, as pessoas se concentraram no próprio bem-estar físico e psíquico, de modo que a visão terapêutica teria desbancado a política e transformado queixas coletivas em problemas pessoais a serem tratados.

Nesse modelo de socialização, a propaganda da boa vida tornaria intoleráveis o fracasso e a perda. Na máxima "você quer, você pode, *just do it*", a especulação narcísica da onipotência precede a bancarrota, levando à desesperada tentativa de sobrevivência narcísica. É nesse aspecto opressor de sobrecarga e tirania dos ideais de infalibilidade e sucesso que me interessa pensar.

Nas décadas seguintes, a revolução digital acrescentou ingredientes capazes de impulsionar as realizações e os sofrimentos a patamares impensáveis até então, o que justificou que lançássemos um *Jornal de Psicanálise* com a temática "hiperconectividade e exaustão" (Azevedo, 2022; Azevedo et al., 2022). Todas as possibilidades abertas com o uso da tecnologia e da inteligência artificial criaram um fenômeno sem precedentes. Os tempos poderiam ser marcados pelas siglas ai/di – antes e depois da internet –, tal a amplitude de seu impacto.

O *pathos* da transparência (Han, 2012/2017b) que acomete os fenômenos sociais e cibernéticos característicos da sociedade contemporânea tende a destruir a negatividade em favor da positividade e coagir à disponibilização excessiva de registros pessoais. No contexto neoliberal no qual está inserido, a própria vida pode ser transformada em produto a ser vendido nas redes, embaralhando a fronteira entre uma vida e uma empresa. Sujeitos transformados em mercadoria, engajados em intensa produção de notoriedade sobre si.

Para o sociólogo polonês Zygmunt Bauman (2008, p. 20), "ninguém pode manter segura sua subjetividade sem reanimar, ressuscitar e recarregar de maneira perpétua as capacidades esperadas e exigidas de uma mercadoria vendável". A autopromoção e a mudança constante seriam respostas compatíveis com as necessidades de mercado. Cada sujeito se torna seu próprio objeto-propaganda, empresário de si mesmo (Han, 2010/2017a), que não apenas se auto-oprime, como relança a potencialidade de falência do Eu em níveis perigosos.

Poderíamos buscar contrapor as descrições sociológicas argumentando que os ideais sempre existiram e oprimiram, a sua maneira, cada um dos tempos. Suas recentes transformações, entretanto, parecem deslizar do ideal de renúncia da sociedade disciplinar para o de excesso e de autoexploração próprios do sujeito do desempenho (Han, 2010/2017a), favorecedores de efeitos diversos. Embora as críticas culturais corram o risco de soar moralistas, o que a Sociologia empresta à Psicanálise nos ajuda a considerar a forma como se articulam sintoma individual e social, contexto sociopolítico-econômico e suas incidências na produção de subjetividade em cada tempo.

Sem dúvida que as possibilidades de uso da tecnologia são tão múltiplas como a alma humana, mas, na vigência do capitalismo de vigilância (Zuboff, 2021), é relevante o alerta que fazem autores como nosso colega Pedro Colli Badino de Souza Leite (2022) e a antropóloga Letícia Cesarino (2022) sobre a arquitetura nada inocente dos aplicativos, cuidadosamente criados para favorecer engajamento e a captura de informações dos usuários aproveitando-se, para tanto, das vulnerabilidades narcísicas e das necessidades de aceitação.

O Eu e o outro na cultura

A sobre-exigência narcísica que quero sublinhar nos remete à problemática do Eu, tanto em sua dimensão libidinal e identificatória, como em sua função de mediação intersubjetiva e entre instâncias intrapsíquicas, em um contexto social que o contém.

No movimento do pensamento freudiano, as pesquisas relativas ao Eu ganharam relevância à medida que o autor se engajava em aspectos clínicos que desvelavam a possível instabilidade na integridade do Eu ou na fluidez da circulação libidinal entre o Eu e seus objetos. De uma versão funcional, presente no *Projeto para uma psicologia científica*, como um conjunto facilitado de neurônios, o Eu passa a ser, em 1914, uma aquisição a ser conquistada a partir de uma nova ação psíquica. Sua análise em relação à psicologia das massas e aos processos identificatórios é desdobrada em 1921, e seu lugar como instância mediadora é sublinhado em 1923. Em *Neurose e psicose*, *A perda da realidade na neurose e na psicose*, *O fetichismo* e a *A clivagem do eu nos processos de defesa* (1924/2010d; 1924/2010f; 1927/2010e; 1940[1938]/2010a), Freud constrói parte das ferramentas metapsicológicas para os inquietantes fenômenos não suficientemente explicados pelo recalque. As defesas radicais capazes de afetar a unidade do Eu complexizam o pensamento freudiano e enriquecem a escuta do psicanalista.

Os sofrimentos narcísicos contemporâneos trazem para primeiro plano toda a temática relativa à estruturação do narcisismo, exigindo pensar não apenas sobre as condições de sua constituição e estruturação, como também sobre as defesas psíquicas que podem afetá-la até um gesto que estou nomeando "autocancelamento".

André Green sublinha a dimensão estruturante do narcisismo primário e complementa essa noção freudiana com seu conceito de estrutura enquadrante, "constituição, no Eu, do quadro materno como estrutura" (1967/1988, p. 125). Esse enquadre é interiorizado numa operação simultaneamente intrapsíquica e intersubjetiva que envolve a alucinação negativa da mãe (Green, 1993). Desse circuito de investimento que comporta mãe e bebê, pode surgir um investimento estável em uma unidade nomeada como "Eu".

A partir do movimento reflexivo de duplo retorno ("retorno sobre a própria pessoa" e "transformação em seu oposto") e como efeito do trabalho do negativo, estrutura-se uma plataforma de autoinvestimento e de função objetalizante, herdeira de um circuito intersubjetivo. O contorno dos braços da mãe, no *holding*, uma vez internalizado como estrutura, favorece a separação primária e a constituição dos limites, além de um jogo capaz de sustentar o autoinvestimento de forma menos vulnerável às oscilações externas, *pari passu* à criação de um espaço em branco que serve como tela para representar.

O eixo de unificação em torno de um Eu é precedido por um tempo originário de indiscriminação, fundante de uma vivência inaugural de prazer. Esse sentimento de Eu autônomo e discriminado é antecipado pelo *outro significativo*, cujo desejo pelo *infans* tem por base suas próprias marcas pulsionais e ideais culturais.

Piera Aulagnier, em 1975, ressalta que "não é possível analisar a função do Eu e sua organização, sem considerar o campo sociocultural no qual vive o sujeito" (p. 22).

> *Nossa relação com o corpo, assim como nossa relação com a realidade, é, portanto, função da maneira como o sujeito ouve, deforma ou permanece surdo ao discurso do*

> *conjunto. É evidente que suas reações são a consequência da especificidade da sua economia psíquica, e não da particularidade da sua cultura, salvo sob certas condições excepcionais. Mas a análise dos postulados da mensagem cultural parece uma excelente via para abordar aquela das respostas que a psique vai lhe dar. (Aulagnier, 1975/1979, p. 14)*

A assunção de um Eu capaz de se autonarrar, de fazer um trabalho sobre si mesmo contando suas vivências corporais no mundo, assim como duvidando do pensamento do outro para pensar autonomamente, é construída nas relações, sob o impacto simultâneo do pulsional e do discurso cultural.

Se pensarmos a psicanálise "entre o quintal e o mundo" (Azevedo, 2023; Azevedo et al., 2023), então reconheceremos que os processos de subjetivação estão mediados culturalmente desde o encontro com o objeto primário. A cultura participa da relação que estabelecemos com nosso corpo, com os outros e com nós mesmos; afinal, a causalidade psíquica é tecida de fios diversos e complementares, e o ideal individual é forjado num caldo que ultrapassa o universo familiar, ainda que o inclua.

É nessa encruzilhada que um projeto identificatório para si pode ser constituído, investido e também passível de desinvestimento se diante de contratos impossíveis de honrar. Uma das saídas para o conflito identificatório pode ser a alienação (Aulagnier, 1975/1979) que impede um recuo de pensamento que põe suficientemente em questão o lugar de garantia do enunciado. Sem o direito de duvidar, o destino da atividade de pensar fica comprometido e o sequestro pelo discurso alienante salta como horizonte.

Reconhecer o discurso dominante numa dada época ajuda o analista a escutar parte das razões e desrazões que empurram um sujeito particular a adotar soluções mais ou menos dessubjetivantes e autolimitantes para se defender dos excessos. A cultura, nessa perspectiva, marca a todos, mas não da mesma forma. As diferenças na estrutura do narcisismo primário (Freud, 1914/2010c; Green, 1967/1988), na construção singular do "espaço-entre" (Winnicott, 1971/1975), determinarão a estabilidade relativa dos investimentos de si, a capacidade maior ou menor de jogo produtora de identificações mais ou menos alienantes com o todo, capturas hipnóticas ou não ao discurso social antifracasso, formas diferentes de usar ou se deixar usar pelas redes. Os sofrimentos são, então, construídos historicamente no sentido singular e também coletivo.

As relações entre a sociedade positiva – que elimina espaços negativos internos e externos, submete sujeitos à hiperconectividade, superinformação e constante visibilidade, transformando-nos em mercadorias em exposição – e as diferentes espessuras da estrutura enquadrante do narcisismo precisarão ser consideradas conjuntamente no exame da sobrecarga do Eu que ameaça colapsar.

O estudo da heterogeneidade do trabalho do negativo e das múltiplas possibilidades estruturantes e defensivas do Eu favorece pensar o sentido do intervalo, do ritmo, do claro e escuro, das dobras psíquicas promotoras de representação. Permite também reconhecer as saídas dessimbolizantes quando essas condições mínimas não estão garantidas. O aparelho psíquico trabalha com pequenas quantidades, o excesso precisa ser filtrado. A desmesura pulsional, sem dúvida, mas também a das perturbações que se infiltram de fora. Transitando entre os recursos para ligar as excitações e a alternativa de reduzi-las ao zero, o sujeito se equilibra entre o sonho e o sono, entre a tendência narcísica para o um e aquela que tende à eliminação de tensão e ao nada.

A importação da lógica do cancelamento digital, entrelaçado ao ideal narcísico em volumes hiperpresentes nas redes, tece uma relação intolerante do sujeito consigo mesmo e pode semear o germe do autocancelamento.

Autocancelamento: uma deriva dessubjetivante

Se voltarmos à primeira vinheta, veremos a violência da transparência incidente na relação dos adolescentes com a internet, gerando impactos em uma estrutura narcísica vulnerável, o que resultou na sensação psíquica de não ter mais ambiente para existir. O conflito não se restringiu à privacidade dos envolvidos, tendo sido vivido numa espécie de *Big brother* em escala global, sem cobertura que a protegesse da vergonha pública nas redes. O cenário de superexposição somou-se à impressão de irreversibilidade do publicado e a fez sentir-se impotente em transformar imagens de si condutoras à ruína. Um produto incontornavelmente avariado em um mundo que não favorece o trabalho de luto da posição ideal. Com a perda do anonimato de sua maldade, sentiu-se impedida de manter um projeto identificatório no qual pudesse investir: negativou-se. A experiência de ficar revelada, desmascarada e transparente para todos os que partilham a rede deixa de considerar que nenhum ato revela um todo, nem é absoluto. Se é verdade que no incidente algo da paciente se mostra a ela, e a outros, o que Freud nos ensina é que o sujeito é dividido, tem em si mais de uma tendência e, nesse sentido, não pode ser transparente nem para si mesmo. Seria possível ao analista sustentar esse saber junto a alguém em épocas de cancelamento virtual e autocancelamento psíquico? Lembro-me de Green, o qual dizia que "ao ideal como medida impiedosa, ou seja, como desmesura, a psicanálise só pode opor um ideal da medida" (Green, 1983/2017, p. 266).

No segundo caso, o afluxo massificante de informações bombardeando o *feed* da paciente, com miragens editadas de vidas alheias, vinha machucar um narcisismo já maltratado e fazer naufragar qualquer ilusão de onipotência. O excesso, insuportável, encontrava, como escudo protetor, a alternativa de autoeliminação de sua existência nas mídias sociais, possivelmente uma medida de proteção contra se lançar a uma autoeliminação maior.

Numa atmosfera de sobrecarga, o sujeito encontra artifícios para não se inebriar toxicamente com essa lógica: contrapontos para negativar o mandato cultural hegemônico. Sabemos que as possibilidades são múltiplas, e nosso trabalho é escutar essas direções. Há o recurso a um jogo interno para não se esmagar por um ideal impossível, ações práticas como desabilitar aplicativos, assim como também medidas paradoxais diante do desespero, como o autodesabilitar-se em anestesiamento interno via desinvestimento. Reconhecer formas psíquicas de desertar subjetivamente em uma sorte de autocancelamento pode ser uma figuração fértil à escuta do psicanalista contemporâneo.

A aposta de Han é que "a sociedade positiva está em vias de reorganizar a vida humana de uma maneira totalmente nova" (2010/2017b, p. 19). Não há dúvidas de que somos cúmplices e testemunhas de uma colossal mudança de um tempo, e creio que não traímos a complexidade da Psicanálise se considerarmos essas alterações nas relações cultura-sujeito articulando-se mutuamente. No que se refere à hiperconectividade e ao narcisismo, os homens se parecem com seus tempos, mas herdam muito também de seus pais.

Referências

Aulagnier, P. (1979). *A violência da interpretação*. Imago. (Trabalho original publicado em 1975)

Aulagnier, P. (1985). *Os destinos do prazer*. Imago. (Trabalho original publicado em 1979)

Azevedo, B. H. (2022). Hiperconectividade e exaustão [Editorial]. *Jornal de Psicanálise*, 55(102), 15-18.

Azevedo, B. H. et al. (2022). Carta-convite. Hiperconectividade e exaustão. *Jornal de Psicanálise*, 55(102), 19-21.

Azevedo, B. H. (2023). Entre o quintal e o mundo [Editorial]. *Jornal de Psicanálise*, 56(104), 15-18.

Azevedo, B. H. et al. (2023). Carta-convite. Entre o quintal e o mundo. *Jornal de Psicanálise, 56*(104), 19-21.

Bauman, Z. (2008). *Vida para consumo: a transformação das pessoas em mercadoria*. Zahar.

Bauman, Z. (2021). *Modernidade líquida*. Zahar. (Trabalho original publicado em 2000)

Cesarino, L. (2022). *O mundo do avesso: verdade e política na era digital*. Ubu.

Debord, G. (1997). *A sociedade do espetáculo – comentários sobre a sociedade do espetáculo*. Contraponto. (Trabalho original publicado em 1967)

Freud, S. (2010a). A clivagem do ego no processo de defesa. In S. Freud, *Obras completas* (P. C. Souza, Trad., Vol. 19). Companhia das Letras. (Trabalho original publicado em 1940[1938])

Freud, S. (2010b). O eu e o id. In S. Freud, *Obras completas* (P. C. Souza, Trad., Vol. 16). Companhia das Letras. (Trabalho original publicado em 1923)

Freud, S. (2010c). Introdução ao narcisismo. In S. Freud, *Obras completas* (P. C. Souza, Trad., Vol. 12). Companhia das Letras. (Trabalho original publicado em 1914)

Freud, S. (2010d). Neurose e psicose. In S. Freud, *Obras completas* (P. C. Souza, Trad., Vol. 16). (Trabalho original publicado em 1924)

Freud, S. (2010e). O fetichismo. In S. Freud, *Obras completas* (P. C. Souza, Trad., Vol. 17). (Trabalho original publicado em 1927)

Freud, S. (2010f). A perda da realidade na neurose e psicose. In S. Freud, *Obras completas* (P. C. Souza, Trad., Vol. 16). Companhia das Letras. (Trabalho original publicado em 1924)

Freud, S. (2010g). Projeto para uma psicologia científica. In S. Freud, *Obras completas* (P. C. Souza, Trad., Vol. 2). Companhia das Letras. (Trabalho original publicado em 1895)

Freud, S. (2010h). Psicologia das massas e análise do ego. In S. Freud, *Obras completas* (P. C. Souza, Trad., Vol. 15). Companhia das Letras. (Trabalho original publicado em 1921)

Green, A. (1988). Narcisismo primário: estrutura ou estado? In A. Green, *Narcisismo de vida, narcisismo de morte*. Escuta. (Trabalho original publicado em 1967)

Green, A. (2010). *O trabalho do negativo*. Artmed. (Trabalho original publicado em 1993)

Green, A. (2017). O ideal: medida e desmesura. In A. Green, *A loucura privada*. Jorge Zahar. (Trabalho original publicado em 1983)

Han, B.-C. (2017a). *Sociedade do cansaço*. Vozes. (Trabalho original publicado em 2010)

Han, B.-C. (2017b). *A sociedade da transparência*. Vozes. (Trabalho original publicado em 2012)

Saramago, J. (2020). *Ensaio sobre a cegueira*. Companhia das Letras. (Trabalho original publicado em 1991)

Souza Leite, P. C. B. de (2022). Hiperconectividade e exaustão. *Jornal de Psicanálise*, 55(102), 127-147.

Winnicott, D. W. (1975). O lugar em que vivemos. *O brincar e a realidade*. Imago. (Trabalho original publicado em 1971)

Wright, J. (2016). Queda livre. *Black mirror* (Série em plataforma de streaming). Netflix.

Zuboff, S. (2021). *A era do capitalismo de vigilância – a luta por um futuro humano na nova fronteira do poder*. Intrínseca.

10. Do silêncio ao testemunho: a recuperação do traumático em *Édipo Rei* como modelo clínico em Psicanálise

A subversão da narrativa hegemônica

Há alguns meses, fui convidada para comentar o artigo *Édipo a contrapelo*, do psicanalista Luiz Meyer, comentário que se desdobrou no presente capítulo.[1] O autor já havia mencionado algumas das ideias ali contidas no lançamento do número 105 do *Jornal de Psicanálise* (SBPSP, 2023) cujo tema *Violações* foi organizado em minha editoria. Essa memória me acompanhou na leitura do texto, reverberando no modo como pude apreender a tragédia de Sófocles a partir de então e impactando na construção do texto que segue. Como voltar a pensar em Édipo exclusivamente pela narrativa hegemônica sem atribuir relevância às violações das quais ele fora objeto?

Meyer se atreveu a cocriar com Sófocles, escreveu um poema incluindo a voz abafada do personagem que, antes de ser ativo, sofreu passivamente, e, em cima desse poema, escreveu seu artigo. Diz Adélia Prado (2013, p. 146): "De vez em quando Deus me tira a poesia.

1 Publicado como artigo na *Revista de Psicanálise Reverie, 1* (17, 2024) e baseado no comentário desenvolvido pela autora, a convite de Luiz Meyer, em Reunião Científica na SBPSP, no dia 14 de setembro de 2024.

Olho pedra e vejo pedra mesmo". Não foi o que aconteceu ao autor, que, vendo a mesma pedra pela qual passamos muitas vezes, fez seu labor de poeta e psicanalista e restituiu os avessos, os duplos sentidos, o espaço para o virtual ainda não realizado. Antes dele, Steiner (2018), que inspirou Meyer em seu artigo, havia apontado os traumatismos contínuos pelos quais passara Édipo desde que nasceu.

Grada Kilomba (2018) também deu à tragédia de Édipo o relevo de violência sofrida por seu herói. Na instalação *Illusions* Vol. II, *Oedipus*, a autora aborda as tensões mortíferas entre pai e filho no mito para refletir sobre a política da violência e o papel do destino na vida dos que estão inseridos em um sistema que reproduz e perpetua opressão. Em sua abordagem, não é o desejo que ganha destaque, mas a violência pela qual passou Édipo, sentenciado à morte pelo próprio pai. Em sua série, a artista transporta clássicos da mitologia grega para a política atual, num trabalho que questiona a violência do sistema colonial patriarcal.

Nem todos fazemos poesia, mas, como psicanalistas, apostamos em uma capacidade poiética do psiquismo de criar em cima do vivido. É *poiesis* o que escutamos na clínica. Maturana e Varella (1997) falam da capacidade autopoiética dos sistemas vivos constantemente se autoproduzindo em interação com o meio. Paradoxalmente autônomos e dependentes, uma vez que, para exercer a autocriação, precisam recorrer a recursos do ambiente. Também quando escutamos um paciente, não é da história material que se trata, mas da criação psíquica sobre o acontecido, processos de autocura, já atravessados por defesas erigidas e soluções encontradas. Testemunhamos o que de mais criativo pôde até então ser elaborado para dar conta de vivências intrapsíquicas e intersubjetivas situadas em certa condição histórico-social. Essa resposta ativa a experiência em suas muitas dimensões, produz as narrativas oficiais de cada um de nós.

O que faz a Psicanálise senão interrogar o apego às versões reduzidas dos fatos, abrindo possibilidades subjetivas de movimento? Meyer, nessa perspectiva, fez Édipo passar pelo percurso de uma análise. Articulou as tresloucadas ações, aparentemente sem sentido, às vicissitudes de uma vida. Transformou a tragédia em drama, como ele próprio sugeriu, revelando o traumático vivido pelo personagem muito antes de voltar a Tebas, assassinar o pai e casar-se com a mãe. Frente às condensações próprias à boa poesia, o leitor é levado a pesquisar sobre Laio e Jocasta além do explicitado em *Édipo Rei* (Sófocles, 2009).

Laio, quando jovem, antes de se casar, conceber Édipo e tentar assassiná-lo, havia cometido ao menos um outro grave crime. Hospedou-se na corte de Élida, tendo sido acolhido pelo rei Pélope e por seu filho Crisipo, mas traiu e ofendeu a hospitalidade do rei por deflorar e raptar Crisipo, que se suicidou após o incidente. Renato Mezan (2024), contextualiza que, mais que o abuso sexual, violar a sacralidade da hospitalidade representava, na moral helênica, uma falta especialmente séria, motivo da maldição lançada sobre as gerações descendentes de Laio, berço da chegada de Édipo ao mundo.

Essa trajetória transgeracional de abandono e violência é restituída na atividade discursiva inventada no poema *A contrapelo,* que dá a Édipo uma voz para falar das escolhas humanas que lhe afetaram. E afetaram sem que ele nem sequer soubesse pelo que exatamente passou. Ao menos não um saber sabido pela consciência. Seu saber estava marcado no corpo, nos pés inchados, como pistas perdidas que não deixam de pulsar e buscar por uma forma, um contorno para tamanha intensidade e tão pouca representação.

Recolhendo pistas de um rastro quase perdido

Que destino ganha o vivido antes da existência de um Eu que consiga dar testemunho em palavras para si mesmo? Antes de que se possa supor um poema resposta como o mencionado?

Meyer (2024) faz um percurso por seus autores, resgata, de Klein (1991), as *memories in feelings*; de Laplanche (2008), o Sexual e as mensagens enigmáticas; de Meltzer & Williams (1988), o conflito estético; e de Ferenczi (1929/1992a, 1933/1992b), o desmentido. Completei o jogral com minha própria paleta de autores, com os quais tento pintar o quadro da minha escuta para o originário. Acompanho-o pelos efeitos, "*aprés coup*, o arcaico", diz Green (1990). Quando reações perturbadoras se apresentam na transferência ou nas repetições da vida, e sensações contratransferenciais são violentamente despertadas do lado de cá da poltrona, empreendemos, então, um esforço elaborativo que urge passar pelo trabalho psíquico do analista.

Sabemos que uma peça de acusação pode ser atuada na vida, convidando quem queira encenar Pirandello (2022) em *Seis personagens à procura de um autor*. A denúncia do que não se tem palavras acontece muitas vezes no corpo, ou em ato com outro destinatário. Na transferência, temos a oportunidade, por vezes, difícil de honrar, de contracenar um teatro cujo enredo precisa ainda ser contado ao herói para que ele se reconheça autor. Diz Édipo no poema (Meyer, 2024, p. 403): "Recusei-me a ser submisso, muito menos acusado".

Nessa vigilância para não se submeter ou novamente depender, reconhecemos a urgência de quem sobreviveu à passivação. Uma ferida sensível – que provoca reações avolumadas quando reaberta – de ter se sentido descuidado e abusado na experiência assimétrica de vulnerabilidade original, que leva um sujeito a evitar a todo custo reexperimentar uma fragilidade similar a essa posição.

Estamos no campo do traumático primário, com os recursos possíveis de representação de tais vivências. Penso no Freud de *Construções em análise* (1937/2018) e em seu esforço, desde as temporadas com o *Homem dos Lobos* (1918/2010a), de completar um quebra-cabeça cuja peça faltante obstruía o processo de análise e o trabalho de representação. A aposta freudiana era de que, mesmo imprecisa, a narrativa imaginativa acrescentada pelo psicanalista poderia fazer função de ponte e aproximar verdades, de outra maneira, inacessíveis.

O que pode um psicanalista frente a um tecido psíquico rasgado? Contornar e cerzir, poderíamos responder. O poema-construção de Meyer e a *performance*-construção de Kilomba servem como costura, elementos de *poiesis* de psicanalistas-autores, que completam imaginando uma voz que nunca pôde se enunciar e ser legitimada. No poema, o protagonista assume um tom de denúncia, de contar-se e, também, narrar ao mundo uma história sobre seu nascimento e sua quase morte.

Hanna Arendt (2000, p. 65) afirma que "toda dor pode ser suportada se sobre ela puder ser contada uma história". E não qualquer história, mas uma com a qual se possa viver. Piera Aulagnier (1975/1979), de alguma maneira, fala o mesmo em *A violência da interpretação*. Todo humano precisa ser antecipado por outro humano, ter suas sensações interpretadas e sua condição de sujeito, ainda não assumida, prevista.

Lembro-me do livro *Escute as feras*, de Nastassja Martin (2021), que remonta à experiência da autora quando, em um trabalho de campo no norte da Rússia, foi "beijada por um urso". O evento, que na França, seu país de origem, foi noticiado como o ataque quase mortal de um urso que desfigurou a antropóloga, tinha outro sentido entre o povo local. No idioma even, existe uma palavra que designa os que sobrevivem ao encontro com um urso: *miêdka*. Nastassja atravessou a complexa operação de remoção para o hospital francês no qual fez uma cirurgia, mas, para surpresa do leitor, fugiu de volta para a floresta da Sibéria, onde aconteceu o acidente e onde histórias como a sua participavam do repertório. Lá, o hibridismo resultante do encontro humano-urso era reconhecido. Nastassja foi em busca de uma palavra partilhável sobre o que viveu, assim como Édipo quando retorna a Tebas. Ambos famintos de palavras que recobrissem a vivência de uma verdade partilhável.

Mas há entre as duas cenas uma diferença digna de nota: o vivido por Nastassja estava minimamente reconhecido em sua autenticidade, sendo o impasse situado apenas na significação a ele atribuída. O traumático de Édipo não foi apenas sua vivência de ruptura inicial, mas também o posterior silenciamento geral sobre os fatos que o impediu de encontrar sentidos para suas latejantes inscrições corporais. As impressões sensoriais que o marcaram jamais puderam ser historicizadas até que o segredo fosse revelado no desfecho da tragédia.

As diferentes situações de adoção que acompanhei no consultório e as diversas significações atribuídas a ela me fazem pensar sobre as múltiplas e particulares formas de articular essa e outras experiências, tornando-as mais ou menos vivíveis. Penso nas marcas corporais trazidas pela criança em seu íntimo e, também, no trabalho narrativo das famílias adotivas, construído sobre um fundo material atestado em documentos, mas não só neles. Sou remetida à lembrança de três pessoas e às informações recebidas por elas sobre sua condição de origem: uma soube ter sido entregue pela mãe biológica no hospital, outra foi encontrada abandonada em um terreno, enquanto a terceira chegou para a família adotiva com dilacerações que sinalizavam abusos sexuais sofridos. Cada um desses diferentes registros documentais foi metabolizado subjetivamente, junto às inscrições corporais de tais encontros/desencontros e às histórias das expectativas de sua chegada aos braços da família adotiva. Sobre esses trilhamentos se erigiram as fantasias, algumas delas adivinhadas em seus atos pela análise. Esses discursos compõem aquilo que Aulagnier (1975/1979) chamou "desejo de filho", não exclusivamente da família biológica, mas também da adotiva, como a que Édipo encontrou em Corinto, sobre quem sabemos tão pouco por intermédio de *Édipo Rei*.

De todos esses elementos que constituem as soluções defensivas na vida, restaram a Édipo os pés inchados. Nada lhe foi nomeado sobre a tentativa de sua eliminação ou sobre as circunstâncias de sua adoção. Nunca as memórias sensoriais puderam ganhar articulação de palavra partilhável, cujo fio amarraria partes soltas. E o que faz o artigo de Meyer diante desse apagamento? Oferece a Édipo uma construção em forma de poema.

O autor se pergunta sobre a função que possa ter a escrita de um texto como aquele. Eu o cito:

> *Seria ele uma mera fantasia do autor calcada no prazer do seu fazer poético? Uma provocação herética, gratuita, dirigida ao saber instituído? A adesão a um modismo que procura dar um viés político aos textos de literatura clássica? Talvez um pouco de tudo isso, mas também algo mais... O trabalho (e o poema, é claro) descreve um Édipo sujeito e não o Édipo Rei. É o cidadão vitimizado que retorna a Tebas para retirar do ocultamento a tortura de que fora vítima, praticada por seus pais. (Meyer, 2024, p. 416)*

Kilomba (Escórcio, 2017), inquerida pela mesma questão, situa sua *performance* na obra de uma vida. Nas diferentes modalidades de linguagens por meio das quais desenvolve seu trabalho – e "novas linguagens" são necessárias, pois "não é possível contar novas histórias e novas narrativas com o mesmo vocabulário" –, há sempre a tentativa de completar as fragmentações de um *puzzle* no qual

> *faltam muitas peças que me foram tiradas, outras que não foram nomeadas, outras que não foram escritas, arquivadas, documentadas, imagens que eu deveria ter visto e não vi, nomes que eu deveria ter sabido e não sei, livros que eu devia ter lido e não li... Depois, cada peça reconstrói um pouco de mim, é pessoal... E, tendo em conta que sou uma mulher da diáspora africana, há muitas peças que faltam, que foram silenciadas e invisibilizadas. É todo um processo de recuperação e de liberdade para fazer o que me interessa. (Acesso virtual)*

Testemunhar um testemunho

Foucault (2002) fala que o testemunhar permite inverter as relações de poder já que opõe a verdade ao poder estabelecido. Testemunho, concepção oriunda do campo jurídico e religioso, tornou-se cada vez mais interesse da Psicanálise a partir dos acontecimentos extremos de violência social atravessados no século XX e de seus efeitos nocivos por gerações.

Koltai (2016) entende o testemunho como articulação entre história pessoal e coletiva, híbrido entre confissão, documento histórico e autorreflexão, que implica quem fala e quem escuta. Como psicanalista, a autora sublinha a responsabilidade de escutar complementarmente a destruição, a resistência contra ela e a História que emoldura as histórias.

Seligmann-Silva (2005) ressalta dois sentidos para essa noção: o de atestação da "verdade" via visualidade (ter visto com os próprios olhos); e o presente no próprio evento do testemunhar como necessidade e como portador de limites. Propõe uma compreensão complexa de testemunho que abarque um misto entre visão, oralidade narrativa e capacidade de julgar.

O tema introduz o problema da memória e da intraduzibilidade do vivido em palavras, especialmente no contexto traumático. Se é verdade a relativa incapacidade de tradução de qualquer vivência, no que diz respeito ao traumático, a dificuldade de metaforização nos faz senti-la ainda mais. "O testemunho também é, de certo modo, uma tentativa de reunir os fragmentos do 'passado' (que não passa), dando um nexo e um contexto aos mesmos" (Seligmann-Silva, 2005, p. 87).

Meyer (2024) fala de uma espécie de comissão da verdade, relacionando – de forma discretamente alusiva – seu trabalho àquele que é preciso ser feito sobre as violações sociais. O testemunho, afinal, funciona como "guardião da memória", articulador de "história e memória do ponto de vista dos 'vencidos'" (Seligmann-Silva, 2005, p. 88).

Penso nas clínicas do testemunho implementadas para trabalhar com pessoas afetadas pela violência de Estado, ou nos coletivos negros e de LGBTQIA+ que buscam abrir espaços para elaborar situações comuns a esses grupos. Neusa Santos Souza escreve nas primeiras linhas de *Tornar-se negro*: "Uma das formas de exercer autonomia é possuir um discurso sobre si mesmo" (Souza, 2021, p. 45). O discurso que Meyer confere a Édipo ou o que Kilomba constitui em sua performance fazem frente ao desmentido coletivo, tal como o que testemunhamos sobre a ditadura brasileira ou no mito da democracia racial.

O testemunho, que foi estratégia de sobrevivência (temporária) de muitos sobreviventes da *Shoah* (por exemplo, Primo Levi (2013)), especialmente por meio da literatura, das artes ou da comunicação oral, também pode ter seu potencial reconhecido em análise nas construções baseadas na repetição transferencial, nos atos e nos sofrimentos somáticos, que, então, adquirem estatuto de testemunho. É o testemunhar de um testemunho que não se sabe ainda como tal e alcança valor de voz legítima.

Ferenczi (1933/1992b), autor fundamental para o reconhecimento dos efeitos traumáticos da recusa da violência por um terceiro significativo, pode ajudar a pensar sobre o valor das restituições coletivas das versões silenciadas. O húngaro também escreveu *A criança mal acolhida e sua pulsão de morte,* artigo sobre o qual lembrei muitas vezes ao atentar para a dimensão violenta da chegada de Édipo ao mundo como um hóspede nada bem-vindo. O desmentido dessa experiência, tal como o que pode advir de uma violência sexual, adquire valor traumático, promotor de confusão e clivagem.

Reconhecer essa camada menos valorizada do mito nos lembra que não há Édipo autoengendrado; as coordenadas dessa trajetória já são antecipadas antes mesmo de um bebê nascer: na relação que estabelecem os pais entre si e com relação ao desejo de filho, no solo cultural que o verá crescer. Além disso, sua chegada acordará as marcas pulsionais de seus pais, o sexual e o mortífero. Assim foi com Édipo, cujo nascimento ameaçava a integridade física e narcísica de Laio, tal como previu a maldição.

Cada um de nós é um Édipo que não começou sua trajetória no desejo incestuoso de fazer par com um dos pais. Embora, nas menções que faz a Édipo, Freud privilegie a atividade dos desejos infantis incestuosos e parricidas, operando o reconhecimento dessas paixões humanas, a partir de 1914, ele inverte a seta dos investimentos, introduzindo o narcisismo renascido dos pais que tomam seu rebento como sua majestade o bebê. Assim como esse encantamento, a experiência da parentalidade vê também renascer outras, bastante tingidas pelas tintas de seu ambiente cultural e pelas marcas das próprias relações primárias dos genitores. No caso de Édipo, acordam os horrores da passagem geracional e dos crimes perpetrados. No dos bebês negros, pode despertar decepções pela não correspondência ao "ideal de Eu" branco compartilhado em uma cultura racista, como ensinam Grada Kilomba (2008) e Isildinha Baptista Nogueira (2021).

Diz Meyer:

> *Dirigindo-se aos cidadãos de Tebas num gesto político, acusa-os de terem encoberto o delito e que esta conivência confere ao crime um caráter coletivo, supraindividual. Invertendo a causalidade da peste, afirma que ela se iniciou no momento mesmo em que este conluio se cristalizou. (Meyer, 2024, p. 417)*

A violação social, sabemos, volta ao social como uma praga não apenas em Tebas. Não havendo possibilidade de deixar de ver o já visto, há a escolha pela cegueira, num ataque ao órgão – testemunha. Segundo Luiz Meyer (2024, p. 415): "O que ele deseja manter na bruma é a brutal rejeição de Jocasta, sua omissão em protegê-lo, sua deslealdade". Diz o poema (p. 403):

se na sequência me ceguei
não foi pelo horror à anedota.
Preferi a bruma lasso do ultraje
cometido
ela, ela mesma, com
suas mãos colocou os pinos e
as amarras

Para suportar o peso do olhar, é preciso sustentar a dor de saber, condição para o trabalho de sua elaboração. E há dores que, antes de tudo, exigem que se revelem as circunstâncias de sua violação, que sua sombra se torne visível e que as forças destrutivas, tanto familiares como sociais, sejam finalmente nomeadas.

A aproximação das noções de Construção e Testemunho pode dar ao psicanalista as condições metapsicológicas para conceber sua função diante de fragmentos de verdades representados no registro prioritariamente originário. Dar crédito à verdade contida nos fenômenos psíquicos, por mais perturbadores e enigmáticos que possam parecer, é parte do trajeto de retomada da simbolização realizada em uma análise.

O salto do trauma ao testemunho é possível, mas apenas quando há ao menos uma alma significativa disposta a escutar, reconhecer e dar fé. Qualificar a repetição como comunicação testemunhal pode oferecer abertura ao devir do novo. O psicanalista, em sua função transferencial, desempenha um papel privilegiado nesse processo.

Referências

Arendt, H. (2000). *A condição humana*. Forense.

Aulagnier, P. (1979). *A violência da interpretação*. Imago. (Trabalho original publicado em 1975)

Escórcio, S. (2017). Grada Kilomba. *The most beautiful language*. https://contemporanea.pt/edicoes/12-2017/grada-kilomba

Ferenczi, S. (1992a). A criança mal acolhida e sua pulsão de morte. In S. Ferenczi. *Psicanálise* (Vol. 4, pp. 47-52). Martins Fontes. (Trabalho Original publicado em 1929)

Ferenczi, S. (1992b). Confusão de língua entre os adultos e a criança: a linguagem da ternura e da paixão. In S. Ferenczi, *Psicanálise* (Vol. 4, pp. 97-106). Martins Fontes. (Trabalho original publicado em 1933)

Foucault, M. (2002). *A verdade e as formas jurídicas*. (R. C. M. Melo & E. J. Morais, Trad.). Nau.

Freud, S. (2010a). História de uma neurose infantil (O homem dos lobos). In S. Freud, *Obras completas de Sigmund Freud* (P. C. de Souza, Trad., Vol. 14, pp. 13-160). Companhia das Letras. (Trabalho original publicado em 1918)

Freud, S. (2010b). Introdução ao narcisismo. In S. Freud, *Obras completas de Sigmund Freud* (P. C. de Souza, Trad., Vol. 12, pp. 13-50). Companhia das Letras. (Trabalho original publicado em 1914)

Freud, S. (2018). Construções em análise. In S. Freud, *Obras completas de Sigmund Freud* (P. C. de Souza, Trad., Vol. 19, pp. 327-344). Companhia das Letras. (Trabalho original publicado em 1937)

Green, A. (1990). Après-coup, lo arcaico (cap. VI). In A. Green, *La nueva clínica psicoanalítica y la teoría de Freud*. Amorrortu. (Trabalho original publicado em 1982)

Kilomba, G. (2008). *Memórias da plantação: episódios de racismo cotidiano*. Cobogó.

Kilomba, G. (2018). Illusions (Vol. II) Oedipus, *A World of Illusions* (Instalação de arte). Bienal de Berlim.

Klein, M. (1991). *Inveja e gratidão e outros trabalhos: 1946-1963* (Vol. 3). Imago.

Koltai, C. (2016). Entre psicanálise e história: o testemunho. In C. Kolai, *Psicologia USP*, *27*, 24-30.

Laplanche, J. (2008). A partir da situação antropológica fundamental. In J. Laplanche, *Sexual: a sexualidade ampliada no sentido freudiano*. Dublinense.

Levi, P. (2013). *É isso um homem*? Rocco.

Martin, N. (2021). *Escute as feras*. Editora 34.

Meltzer, D., & Williams, M. H. (1988). *The apprehension of beauty: the role of aesthetic conflict in development, violence and art*. Clunie Press.

Meyer, L. (2024). Édipo a contrapelo. *Revista de Psicanálise da SPPA*, *31*(2).

Mezan, R. (2024). *Comentário em reunião científica ao trabalho de Luiz Meyer Édipo a contrapelo* (Comunicação oral realizada em 14 de setembro de 2024 na sede da SBPSP).

Nogueira, I. B. (2021). *A cor do inconsciente: significações do corpo negro*. Perspectiva.

Pirandello, L. (2022). *Seis personagens à procura de um autor*. Coleção L&PM E-books.

Prado, A. (2013) Paixão. In A. Prado, *O coração disparado*. Record.

Maturana, H., & Varella, F. J. (1997). *De máquinas e seres vivos – autopoiese: a organização do vivo*. (J. A. Llorens, Trad.). Artes Médicas.

Seligmann-Silva, M. (2005). Testemunho e a política da memória: o tempo depois das catástrofes. In M. Seligmann-Silva, *Proj. História*, *30*, 71-98.

Sófocles (2009). *Édipo rei*. (T. Vieira, Trad.). Perspectiva.

Souza, N. S. (2021). *Tornar-se negro ou as vicissitudes da identidade do negro brasileiro em ascensão social*. Zahar.

SBPSP. (2023). Violações. *Jornal de Psicanálise*, *56*(105), 15-18.

Steiner, J. (2018). The trauma and disillusionment of Oedipus. In J. Steiner, *International Journal of Psychoanalisis*, *99*(3), 555-568.

11. Por uma Psicanálise com sexualidade, ainda[1]

Um dia corriqueiro de consultório poderia inspirar múltiplos interrogantes para dar início a este capítulo. Seleciono duas vinhetas.

Primeiro, uma mãe visivelmente desgastada, que retoma sua análise e relata que a filha, que já tentou tirar a própria vida diversas vezes, passou, há algum tempo, a querer ser tratada no masculino. "Ela cortou o cabelo, ela está com um pequeno grupo de amigos, ..., ela diz..., ela quer..., ela fala... A analista marca: "mas você segue tratando por 'ela'?"

M — É estranho, não é uma figura de homem, está aquela coisa nem lá nem cá.

B — E as tentativas de suicídio?

M — Acalmaram, pelo menos isso, não tem mais ameaçado nem tentado faz um tempo.

B — Bom, então parece ter surgido aí uma forma mais vivível de existir.

1 Este capítulo é uma reformulação do artigo "Por uma psicanálise com sexualidade", publicado na *Sig Revista de Psicanálise*, ano 2, n. 1, 2013.

Segundo, uma moça que cresceu sem alarde, sem febre, sem fúria, sem turbulências, presa em promessas que nunca jurou. Carregava ressentimentos amorosos herdados maldigeridos pela mãe, sem jamais trair os pactos com ela. Nada de *heterotops*. Escolheu um namorado respeitoso, um homem bom, para quem ela era tudo na vida. Um amor que era refúgio seguro. Sempre que se via à beira de um colapso, ele estava lá. Amparava, oferecia segurança, sustentava as bases que tremiam dentro dela. Era a certeza contra desmoronamentos narcísicos, que ameaçavam sua frágil estabilidade e que a trouxeram para análise. Durante o processo, enquanto começava a interrogar as fidelidades alienantes às dores maternas, um sintoma: já não podia transar com ele. Um nojo avassalador, asco, que agora a repelia daquele corpo gordo que parecia ter seios. Um interdito.

> *Caro Dr. Jung, meus cumprimentos após seu regresso da América, embora não mais tão afetuosos como na última ocasião[...] o senhor reduziu uma boa quantidade de resistência com suas modificações, mas eu não o aconselharia a contar isso como crédito porque, como sabe, quanto mais a gente se afasta do que é novo em Psicanálise mais certeza se tem do aplauso e menos resistências se encontra. (Freud, 1912, p. 523)*[2]

Foi com esse trecho supracitado que Freud respondeu à empolgação de Jung que, na condição de presidente da International Psychoanalytical Association (IPA), voltava de suas conferências americanas nas quais disse ter conseguido diminuir as resistências à Psicanálise retirando o peso do sexual em suas comunicações. Para Freud, de nada adiantava combater as resistências à Psicanálise deixando de ser Psicanálise, e o caminho não deveria ser o afastamento da temática sexual, mas, ao contrário, abordá-la cada vez mais.

2 Tradução nossa.

As famosas discordâncias entre Freud e Jung repousaram, em grande parte, nas divergências do suíço com relação ao conceito freudiano de libido. Em muitos momentos Jung deixou claro que não considerava positivo que a teoria da sexualidade se projetasse em primeiro plano, motivo pelo qual propôs substituir o termo por "energia psíquica". Sua proposta de ampliar o conceito de libido além da pulsão sexual, que poderia parecer uma tentativa de tornar mais aceita a Psicanálise, mostrou-se, em verdade, uma forma de recusar o conceito e retirar o sexual do lugar central que tinha para os primeiros psicanalistas.

Desde o início, pairavam dúvidas quanto à validade universal da então chamada *libidotheorie*, dando origem a debates entre eles. Na sua clínica com psicóticos em Zurique, Jung não sentia a mesma magia transferencial que atestavam as descrições freudianas da histeria. A presença do psicanalista não causava o mesmo abalo, e as transformações clínicas não seguiam o ritmo nem a qualidade das revoluções observadas nas neuroses, fazendo o suíço duvidar que a gravidade da psicose pudesse ser abordada com o auxílio da teoria da libido.

As dúvidas de Jung logo o levariam também a uma reformulação na concepção de incesto. Dizia Jung em 1912: "[...] Evidentemente, o objetivo da proibição não é proibir o incesto, mas consolidar a família (ou a religiosidade, ou a estrutura social)" (Jung, 1912, p. 507).

> *O que é proposto, assim, é o abandono do desejo incestuoso como elemento primordial da constituição psíquica. A formulação confusa de Jung implica que o incesto seja tornado tabu não por ser desejado, mas para ligar regressivamente a angústia flutuante a uma representação, que se torna tão temida e passa a ser objeto de repressão. (Mezan, 1985. p. 385)*

Jung já havia dito a Freud que não acreditava que os desejos incestuosos pudessem ser tomados literalmente, devendo ser considerados como símbolos de outras tendências (Jones, 1975). Essas discussões, que tiveram como ambiente os primeiros círculos psicanalíticos, estavam entre os motivos teóricos que selaram o fim do intercâmbio afetivo e intelectual entre Freud e Jung. A relação entre os dois, marcada por fortes elementos transferenciais, tornava-se um obstáculo para a resolução das divergências teóricas, criando barreiras que impediam a superação dos impasses.

A posição freudiana de defender a centralidade do sexual na teoria e nos conflitos psíquicos punha a temática em relevo em seu pensamento clínico. Ela foi reafirmada em 1914, após o rompimento com Jung, quando utilizou-se da metáfora da faca. Uma faca que tenha sua lâmina e cabo trocados não poderia ser considerada a mesma faca. Em Psicanálise, lâmina e cabo correspondiam às concepções de Inconsciente e Sexualidade, pressupostos fundamentais para seu pensamento teórico-clínico.

As construções psicanalíticas apontavam resistências às moções pulsionais operando na comunicação do paciente, encobrindo o desejo. Não ser explícito ou consciente para o paciente, sabemos, não equivale à inexistência de tais desejos, e as pesquisas iniciais de Freud mostravam que o inconsciente tem seus efeitos apesar ou, dito de forma mais rigorosa, justamente por não estar sob o controle consciente.

O descaso com o sexual

Freud (1905) dedicou uma seção inteira de seus *Três ensaios* para discutir o descaso com o infantil. O descaso a que se referia dizia respeito ao sexual infantil, especificamente. Até aquela época, desconhecia-se a sexualidade infantil e imaginava-se que o sexual tinha um nascimento tardio na puberdade.

Num primeiro momento, ele também imaginou que a sexualidade na criança era despertada por um adulto abusador. Essa concepção, abandonada quando deixou de lado a teoria da sedução (e, em certo sentido, retomada mais tarde quando afirma a mãe como primeira sedutora), abre espaço para as fundamentais descobertas sobre a sexualidade infantil. Já não era o adulto abusador que depositava na criança o que não lhe era devido, mas, ao contrário, o contato com esse outro significativo que estimulava a disposição perverso-polimorfa infantil. Essas ideias tiravam da criança a inocência até então suposta e atribuíam a ela fantasias e desejos há muito recalcados pelos adultos.

Corajoso, admitiu para os colegas e, sobretudo, para si, que estava errado quando acreditava na necessária facticidade do abuso.

> *E agora quero confiar-lhe, de imediato, o grande segredo que foi despontando lentamente em mim nestes últimos meses. Não acredito mais em minha neurótica [...] Se eu estivesse deprimido, confuso e exausto, essas dúvidas certamente teriam que ser interpretadas como sinais de fraqueza. Já que me encontro no estado oposto, preciso reconhecê-las como o resultado de um trabalho intelectual honesto e vigoroso e devo orgulhar-me, depois de ter ido tão a fundo, de ainda ser capaz de tal crítica. Será que essa dúvida representa apenas um episódio no avanço em direção a novos conhecimentos? [...] A expectativa de fama eterna era belíssima, assim como a da riqueza certa, independência completa, viagens e elevar as crianças acima das graves preocupações que me roubaram a juventude [...] Agora, posso voltar a ficar sossegado e modesto e a continuar a me preocupar e a economizar. Ocorre-me uma historinha de minha coleção: "Rebeca, tire o vestido; você não é mais noiva nenhuma. (Freud, 1897, p. 265)*[3]

Com as concepções de sexual infantil, repudiadas por parte significativa da comunidade médica, Freud operava um corte epistemológico

3 Tradução nossa.

que diferenciava de maneira radical as noções de sexualidade e genitalidade. Ademais, escandalizou o mundo ao incluir o sexual no coração da sociedade burguesa vienense. Não nas casas de tolerância como se costumava identificá-las, mas entre as respeitáveis jovens e senhoras de seu meio.

Foi pela coragem de renunciar ao que tinha que Freud pôde chegar a conclusões jamais supostas.

> *Se os histéricos reconduzem seus sintomas a traumas inventados, está aí precisamente o fato novo, a saber, que eles fantasiam essas cenas e a realidade psíquica pede para ser apreciada junto à realidade prática. (Freud, 1914, p. 17)*[4]

Só ao aceitar que errava em conceber o trauma ligado a um abuso real como condição etiológica necessária à histeria que o mundo sexual infantil se tornou pensável. Não relativo apenas ao sexual da criança, mas ao perverso polimorfo infantil pulsante ao longo de toda a vida. O sexual infantil é composto por prazeres diversos, identificações múltiplas e heterogêneas que convivem justapostas, inclinações contraditórias e parcialidades que tentam ser amarrados nas soluções adultas, mas que não se harmonizam sem restos. São esses restos e os conflitos entre o que ordena e o que pulsa, que o psicanalista se dispõe a escutar, advertido de que a subjetivação é um processo contínuo e nenhuma síntese adulta poderia alojar de forma absoluta o conjunto da sexualidade perverso-polimorfa.

Toda a história do movimento psicanalítico testemunha as batalhas travadas por Freud, e por tantos depois dele, para não sucumbir à pressão por fechar os olhos para o sexual infantil. Estaria ganha a batalha? A Psicanálise e os psicanalistas teriam conseguido contribuir para que o sexual infantil pudesse ter escuta e reconhecimento? Ou foram eles quem se adaptaram e tornaram-se mais puritanos?

---

4 Tradução nossa.

Existe uma Psicanálise sem sexualidade?

O movimento psicanalítico, depois de Freud, dedicou especial atenção para os sofrimentos narcísicos e psicóticos, o que fez as investigações frequentemente pendularem da pulsão para o objeto (objetos transicional, parcial, pequeno a, Outro). Esse deslocamento levou André Green (1995) a perguntar, provocativamente, bem a seu estilo: tem a sexualidade algo a ver com a Psicanálise? Ou ela virou assunto de especialista, relevante apenas para pensar as chamadas dissidências?

Certamente essa visão restrita da sexualidade, cujo interesse clínico se limitaria a poucos casos, não corresponde ao pensamento de Freud, que afirmou a pluralidade de arranjos do sexual infantil em todo o arco de seu pensamento. Em uma nota de rodapé nos *Três ensaios*, ele advertiu explicitamente que a escolha heterossexual deveria ser tão digna de investigação quanto a homossexual, esclarecendo não ser um tema de interesse exclusivo de alguns, nem manifesta apenas na forma genital.

A pergunta aparentemente impertinente de Green trouxe à tona um sintoma peculiar do meio psicanalítico daquele período: a sexualidade já não era mais tema de debate. Nos periódicos da área, liam-se páginas e páginas sem que a questão nem sequer fosse mencionada. A sexualidade aparecia, eventualmente, como algo específico na homossexualidade ou transexualidade, ou, então, era teorizada para contradizer as formulações freudianas sobre a sexualidade feminina. Mesmo nas discussões clínicas, estava visivelmente ausente, o que levou Green a se indagar se estaria ele, talvez, atribuindo um papel excessivo a ela nas análises – uma dúvida rapidamente desfeita ao acompanhar apresentações de sessões e constatar a presença viva da boa e velha sexualidade no material analisado.

A questão recaía, então, sobre o destino do elemento sexual que escapava às considerações e aos debates clínicos. Se, atrás de muitos divãs, o sexual se tornava menos audível, seria por seu apagamento clínico ou por um desinvestimento por parte daqueles que o escutam? Breuer, ao escrever sobre Anna O. – aquela mesma que sentiu as dores de parto de um filho seu – chegou a afirmar que o elemento sexual estava especialmente ausente em sua paciente. Como sabemos, a ausência se devia, antes, a uma resistência de seu analista em reconhecê-lo.

Nas situações além do princípio de prazer, talvez o sexual tenha ficado encoberto pela destrutividade, e, tal como numa retomada das dúvidas junguianas, tenhamos ficado sem recursos para articulá-los em nosso pensamento clínico.

Quem dessexualiza a Psicanálise?

Green apontava dois movimentos diferentes no caminho da dessexualização teórico-clínica. Para alguns autores, o sexual não era reconhecido. Para outros, ao contrário, era percebido, mas apenas tangenciado, visto que entendido como defesa contra algo considerado fundamental e mais precoce. Nesse segundo caso, a recusa intencional de dar atenção aos aspectos especificamente sexuais que apareciam no discurso do paciente era acompanhada de um manejo que privilegiava as relações de objeto.

Foi justamente a teoria das relações de objeto, desenvolvida por duas linhas principais – com Fairbairn e Melanie Klein – que Green (1995) aponta como responsável pela dessexualização da Psicanálise.

Fairbairn considerava a teoria das pulsões mecanicista e preferiu se referir a objetos. A fase oral seria mais bem-nomeada como "fase do seio" já que o objeto teria maior importância para a criança que a boca, mero instrumento para o relacionamento com ele (Hinshelwood, 1992). A substituição da busca do prazer pela busca de objeto lembra a reflexão comparativa de Freud (1905) entre seu tempo e a Antiguidade. Se os antigos dotavam a pulsão do poder de elevar à condição de objeto o que aparentemente não teria os atributos para tanto, nos séculos XIX e XX a existência da pulsão era desculpada pelos encantos do objeto.

Com relação a Klein, Green (1995) entendeu que a temática sexual infantil teria sido progressivamente substituída pela da destrutividade. A problemática bastante relevante para a ampliação da escuta clínica teria deslocado o acento da oposição prazer/desprazer para o par objeto bom/objeto mau.

Além disso, a ênfase excessiva na oralidade teria elevado o seio a uma posição suprema, modelo para sua abordagem do genital: o pênis tomado como órgão de doação e alimentação se tornaria um seio.

> *No fim, o que descobrimos com a teoria de Klein da relação objetal primitiva? O seio como um objeto bom ou mau, a fixação oral como imanejável, ou no mínimo inigualável, as pulsões destrutivas provocando ansiedade e as eróticas como meras defesas. (Green, 1995, p. 223)*

A diferenciada atenção concedida à oralidade e à relação mãe-bebê reduzia a uma importância secundária o papel estruturante do pai e de toda a dimensão edípica de terceiridade.

As características clínicas dos pacientes-limite contribuíram para que os psicanalistas pensassem que tais fenômenos teriam pouca relação com o sexual e que estes mereceriam ser considerados em termos de relações de objeto. Imaginaram operar, na vida psíquica, fatores "independentes da sexualidade, tais como o fracasso em satisfazer a necessidade de tranquilidade, equilíbrio emocional ou segurança interior" (Green, 1995, p. 218). Essas categorias aparentemente não ligadas à sexualidade ou à destrutividade, para o egípcio, seriam descrições fenomenológicas que, quando analisadas, reconduzem a essas duas categorias extremas.

Fernando Urribarri (2012) esclarece que, para Green, todo sujeito, independentemente de sua estrutura, alcança o Édipo, já que ocupa um lugar no Édipo de seus pais mesmo antes de nascer. O pai se inscreve como figura de ausência desde o início, situação, portanto, já triangular (Urribarri, 2012).

A questão na estrutura não neurótica não seria tanto a passagem da díade para a tríade, mas a transição de uma "terceiridade potencial (enquanto o terceiro está presente apenas na mente da mãe) à terceiridade efetiva, interiorizada e estruturante" (Urribarri, 2012, p. 150). A noção de *outro do objeto* não restringe a função terceirizante ao pai, e aponta a um esquema triádico originário.

É o que se apreende no complexo da mãe morta, cuja fantasia fundamental não se liga ao seio primordial, tampouco se reduz à relação oral. A fantasia da cena primária, matriz triangular do psiquismo – que, no historial do Homem dos Lobos, aparece como testemunhada – é, aqui, abordada como ocorrida na ausência do sujeito: o que se experimenta é uma distância, uma impotência em estabelecer contato com o objeto, uma incapacidade de reanimar a mãe morta e devolver-lhe a vida.

> *Em vez de o rival ser objeto que monopolizava a mãe morta no luto que ela vivia, ele se torna, pelo contrário, o objeto terceiro que surge, diferente do que se espera, capaz de devolver-lhe a vida e proporcionar-lhe o prazer do gozo. Aí jaz a situação revoltante que reativa a perda da onipotência narcisista e desperta um sentimento de uma enfermidade libidinal incomensurável. (Green, 1980/1988, p. 258)*

Controvérsias Green-Laplanche

Em um artigo em resposta ao livro *As cadeias de Eros* (2000), de Green, Jean Laplanche (2003) partilhou da preocupação com o esvaziamento da temática sexual na Psicanálise, mas criticou a maneira como Green condenava a obra de Klein. Com certa provocação, Laplanche sugeriu que Green realizava uma regressão pré-freudiana da teoria, já que seus exemplos de resgate da sexualidade permaneciam presos à temática genital. "Freud não teria penado durante todo um capítulo (XX) da *Introdução à Psicanálise* para definir a sexualidade se lhe bastasse invocar o genital, o falo e a diferença dos sexos, a sexuação" (Laplanche, 2003, p. 20).

A pergunta de Laplanche (2003) sobre o lugar do pré-genital freudiano, na obra de Green, pode ser pertinente. De fato, no livro de 2000, ele recorre de maneira sistemática a exemplos de sexualidade genital para sustentar seus argumentos. Pessoalmente, inclino-me a pensar que não se trata de uma leitura que dessexualiza os elementos não genitais, tampouco de um equívoco metapsicológico na interpretação dos *Três ensaios*, como sugere Laplanche, mas sim de uma ênfase no genital como fonte de angústias, e não apenas formação defensiva. Em *A sexualidade nas estruturas não neuróticas: ontem e hoje* (2021), Green examina justamente os conflitos implicados na conciliação entre desejo e identificação com o objeto, no reconhecimento da alteridade e na aceitação da perda de controle inerente ao gozo sexual. Todos esses aspectos situados como angústias centrais na demanda genital.

Sem ignorar que a dessexualização pudesse estar em ação também no próprio Green – uma vez que nenhum de nós está imune a essa armadilha –, vale lembrar que, quando ele apontou uma subordinação da genitalidade à oralidade, fez questão de esclarecer que se referia à fixação oral tal como concebida no universo kleiniano, em que é frequentemente tratada mais como uma fonte sagrada do que de prazer. O problema, portanto, não estava na referência à oralidade em si, mas na maneira assexuada pela qual ela vinha sendo evocada.

> *Jogar com os termos não elimina o fato de que há, nos kleinianos contemporâneos, dessexualização por trás de uma relação de objeto que rompe suas amarras com o sexual como atestam suas apresentações clínicas. (Green, 2003, p. 36)*

Resta a dúvida: esse deslocamento foi introduzido por Melanie Klein ou decorre do uso de sua teoria por seguidores? A discordância de Laplanche em considerar Melanie Klein responsável pela dessexualização da escuta psicanalítica já estava colocada, *a priori*, no trabalho de 1988, cujo título pergunta se é preciso queimar Melanie Klein. Nele, Laplanche relembra as famosas controvérsias Freud-Klein, travadas com Anna Freud. Em contraste ao temor da herdeira consanguínea de Freud no manejo do pulsional das crianças, Klein não se assustava e nem constatava uma liberação especial da violência pulsional na análise das crianças.

De fato, nas leituras de *A psicanálise de crianças*, há inúmeras referências à temática sexual, não faltam elementos pulsionais vivos nos casos clínicos e nas formulações teóricas acerca dos casos. Ao trabalhar a deflexão da pulsão de morte e sua influência na relação da criança com seus objetos, por exemplo, afirma:

> *suas fantasias sádico-anais, que parecem formar uma ligação entre o estágio oral de sucção e o estágio oral de morder, têm um caráter bastante definido e contêm ideias de que ela toma posse dos conteúdos do seio da mãe por meio de sugá-lo e de esvaziá-lo. (Klein, 1975, p. 150)*

Percebemos a pulsão aí manifesta de forma impetuosa. Em contrapartida, a crítica ao modo como tendemos a imaginar nossos pacientes como bebês – estabelecendo uma equivalência automática entre o mais primitivo e profundo e o mais relevante – revela-se pertinente e merece atenção. A observação de que a relação mãe-bebê é frequentemente evocada de maneira assexuada aponta que, além de transformar os pacientes em bebês desprovidos de sexualidade e tornar vínculos maternos pouco pulsionais, essa escuta também desvaloriza os elementos edípicos e genitais como mais superficiais em comparação ao arcaico supostamente desvinculado desses aspectos.

Com relação às divergências Green-Laplanche – impulsionadas não exclusivamente por desacordo conceitual, mas antes pela ativação de pontos sensíveis que transformaram afirmações teóricas em provocações pessoais –, não se pode afirmar com certeza se, fora do contexto acalorado que permeou a troca de artigos, Laplanche realmente sustentaria que Green não tinha alcançado a ampliação da noção de sexualidade proposta por Freud. Da resposta de Laplanche a Green, vale, de qualquer forma, destacar uma observação que acabou ofuscada pelas tensões pessoais: a passagem em que Laplanche menciona o "quadro geral da dessexualização própria ao pensamento psicanalítico contemporâneo", uma ideia "com a qual estou, no geral, de acordo" (Laplanche, 2003, p. 13).

Já em 1988, Laplanche havia introduzido uma apreciação interessante ao afirmar que "o que está presente nas origens do pensamento freudiano é certamente o caráter demoníaco, atacante, desestruturante da sexualidade. Esse aspecto escandaloso da sexualidade é o que tende a ser continuamente abafado do pensamento psicanalítico" (Laplanche, 1988, p. 56). Nesse ponto, foi sobre o próprio Freud, em suas formulações mais tardias, que recaiu a crítica do francês.

Maria Lúcia Violante (2003) não entendia que Klein concebesse a relação mãe–bebê como assexuada e, portanto, considerava deslocadas as críticas sobre o desvio dessexualizante no que diz respeito a Klein. Violante não poupou Winnicott e Bion da lista de autores que descentraram o desejo e a libido de suas formulações teóricas. Também não escapou às críticas Anna Freud, que teria sido precursora em favorecer que ruíssem as pedras angulares da Psicanálise.

> *Concluo que é com Anna Freud, a qual encontra respaldo no "grupo do meio", que as três pedras angulares da Psicanálise – o inconsciente, a sexualidade e o complexo de*

> *Édipo; o recalque e a resistência; a transferência – com as quais Sigmund Freud construiu o edifício psicanalítico, mais do que deslocadas, começam a ruir, tendo sido paulatinamente removidas de tudo aquilo que é hoje, Psicologia, mas jamais Psicanálise. (Violante, 2003, p. 67)*

Em certa ocasião, participei de uma discussão clínica em que uma analista experiente contestou a interpretação dominante de que um paciente adolescente funcionava psiquicamente como um bebê, propondo, de modo ainda mais radical, que ele deveria ser pensado como alguém ainda não nascido. Esse episódio me fazia pensar sobre o movimento de regressão para uma relação mãe-bebê de coloração cada vez mais deserotizada, muito embora o material clínico apresentasse indícios de abertura sempre que surgia na sessão a percepção de um outro do analista.

Interpretar o primitivo como assexual traz impactos clínicos relevantes. A sexualidade raramente está ausente quando se reconhece, no que é arcaico, a pulsionalidade que lhe é inerente.

Remetamo-nos à vinheta inicial da jovem que, com seu conflito, deixou vir à tona o mal-estar de sua captura no materno. A posição da analista, nesse caso, não se restringia a dar continência, mas em auxiliar para que um conflito pudesse ser sustentado. Por traz desse manejo, estava uma escuta que considera a captura no materno como intensamente incestuosa. O conflito tomando forma deu sinais do erótico em jogo: o nojo foi sendo entendido como dique contra o incestuoso e, concomitantemente, a paciente passou a sentir falta do que chamava "posição de mulher".

Uma visão linear da sexualidade que divide sujeitos em tipos genitais e não genitais, privilegiando o acesso à genitalidade, pode perder de vista os diversos elementos que confluem num sujeito e que podem estar em jogo mesmo numa "simples" escolha manifestamente heterossexual.

> *Este primeiro objeto se completa logo na pessoa da mãe, que não só nutre, mas também cuida e desperta na criança tantas sensações corporais, tanto prazerosas como desprazerosas. No cuidado do corpo, ela se torna a primeira sedutora da criança. Nessas duas relações, arraiga-se a significância única da mãe, que é incomparável e fixa-se imutável para toda a vida, como primeiro e mais intenso objeto de amor, como protótipo de todos os vínculos posteriores de amor... em ambos os sexos. (Freud, 1940 [1938], p. 188)*[5]

Se podemos questionar o peso da retirada do sexual atribuído a cada autor, não é possível desconsiderar a problemática como um todo. Há um movimento visível para quem se proponha a observá-lo. De quem tal movimento é tributário? De Breuer, Jung, Anna Freud, Fairbairn, Melanie Klein, Winnicott, Bion ou mesmo do Freud tardio? A essa pergunta não há uma resposta que encontre consenso. Não propomos o núcleo da questão na busca por um autor determinante.

Ao abordar a forma como se movimenta o pensamento analítico, Laplanche (1988) afirma que ele se faz "por repetição e ruptura, por banalização e reafirmação, por circularidade e aprofundamento. Os momentos inovadores são também retorno à fonte" (Laplanche, 1988, p. 52).

Cem anos depois de Freud, qual sexualidade ainda importa?

Em 2025, participei de um evento comemorativo aos 100 anos do texto *Algumas consequências psíquicas da distinção anatômica entre os sexos*. Comecei minha fala com as vinhetas que abriram esse texto.

---

5 Tradução nossa.

A proposta daquela mesa me trazia à mente a pergunta que Green (1990), certa vez, imaginou dirigida a ele: o que há de novo em Psicanálise? Freud!, ele responderia sem hesitar. Essa resposta parece ainda acertada, desde que matizada pela ideia de Renato Mezan (2014) de que Freud não coincide com Freud. Seu pensamento não é simples, linear ou homogêneo; pelo contrário, transformou-se à medida que novas problemáticas clínicas o atravessavam, provocando torções em sua obra. Assim, qualquer citação isolada de um momento específico do pensamento correria o risco de empobrecer sua complexidade. O texto de 1925, cujos 100 anos celebrávamos naquele evento, insere-se no conjunto de sua produção e vale ser abordado em tensão com essa totalidade.

Se Freud fez de suas decepções clínicas um motor para a renovação de ideias, não haveria por que trair esse espírito para não perturbar o sono dos atuais psicanalistas. A tranquilidade apaziguadora de que nada mudou sacrificaria o compromisso com a verdade.

As interrogações legitimamente dirigidas à Psicanálise hoje demandam dela sua força e disposição para seguir se renovando. A Psicanálise é movimento. Ou, como prefere Pontalis (1990), uma disciplina essencialmente migrante – migra porque adquire características do tempo e do solo cultural onde se insere, migra porque se transforma ao ritmo das mudanças sociais, migra porque, como diz Haroldo de Campos, o povo é um inventalíngua.

Mas não são as condutas, tão mutantes quanto os tempos, que lhe interessam. Se os padrões sexuais fossem imutáveis, pouco nos distinguiríamos das abelhas ou das formigas, e não haveria necessidade de Freud nomear *Trieb* em vez de *Instinkt*, termos disponíveis em alemão. O pulsional não é mera natureza; ele floresce polinizado pela troca humana, cultural desde o primeiro contato, que seduz o *infans* à comunidade dos humanos. Desde sempre, o corpo é tocado e designado com base no pulsional de seus cuidadores, marcado pelas expectativas, ideais e interdições que compõem os prazeres e os sentidos possíveis.

Quais formas de amar e sofrer fazem parte do repertório de uma época? O que significa ser mulher, ser homem, ser trans em cada contexto histórico-social? Como as experiências de sexo, raça e gênero se articulam no jogo das representações e dos discursos? A diferença, afinal, precisa ser pensada de modo binário ou pode ser simbolizada de forma mais múltipla?

As diversas experiências transidentitárias convocam a Psicanálise a ampliar seus recursos e a radicalizar a ruptura epistemológica freudiana com a biologia. Propõem novas maneiras de experimentar e performar os gêneros, desafiando o binarismo como única matriz de simbolização possível. São vivências que exigem da Psicanálise novas articulações teórico-clínicas – e, sobretudo, a coragem de continuar em movimento.

No texto de 1925, lemos teorias sexuais infantis que parecem transformadas em teoria psicanalítica. Refletem um momento histórico cultural em que a significação de pênis como atividade e poder fazia todo o sentido. Mas seria essa a maneira universal de organizar a experiência dos corpos e as diferenças? Escrevi sobre essa ideia em um capítulo do livro *Vozes contemporâneas: o feminino em cena*, intitulado "Afinal, como não ter inveja do pênis?" (Seben e Degani, 2025, pp. 189-210).

O filósofo Paul Preciado foi central nesse debate sobre subjetivações dissidentes que não necessariamente implicam ruptura com o laço social nem um ludibrio da castração. A discussão científica interdisciplinar dessas formas de existir que, em outros tempos, nem sequer podiam ser pensadas, vem sendo levada adiante por psicanalistas dentro e fora do Brasil, empenhados em escutar sem hierarquizar formas de subjetivação. Essa expansão estende seus efeitos para a escuta do sexual de modo geral, uma vez reconhecido o trânsito nos múltiplos pontos entre os polos até então reconhecidos.

É inegável que a moral sexual dos séculos XIX e XX sofreu transformações significativas. Os ideais se deslocaram, e a própria Psicanálise teve papel ativo nesse processo, desestabilizando normas e convenções, expondo os sofrimentos gerados pela moral sexual de sua época e demonstrando a potência do sexual perverso polimorfo freudiano em se reinventar. A Psicanálise, afinal, não se limitou a interpretar a cultura; ela própria foi um vetor de transformação. Seu caminho esteve marcado pela desnaturalização do sexual.

E a metamorfose que vem perturbar o sono dos justos não se restringe aos fenômenos sociais. Ela se inscreve também na escuta analítica e nas elaborações metapsicológicas que sustentam nossa prática. O lugar do sexual na obra freudiana, ainda que permaneça um eixo central da clínica, já não é o único a ameaçar a integridade do Eu a partir de 1920. Com a introdução da pulsão de morte, os movimentos destrutivos passaram a compartilhar com o sexual o campo das inquietações que nos atravessam.

Diferenças sexuais

O erótico nasce violento e sem contornos, faminto e implacável, um excesso que transborda e avança, de onde, por meio do trabalho do objeto, precisa emergir um sujeito. Desse caos inicial – vísceras, mucosas, fluidos, a mistura dos corpos, entre a boca e o seio, ânus, genitais, o trabalho da diferença se constrói. Um lento esculpir da alteridade a partir da massa informe da fusão originária. Um intenso trabalho de representar-se a si mesmo a partir de experiências sensoriais junto ao objeto.

Para o psicanalista, a diferença é uma construção. Ela estrutura, organiza, separa. O negativo é seu operário invisível. A separação primária, matriz de todas as discriminações futuras, pode se dar de maneira mais ou menos estável – ou ser marcada por falhas e abalos que deixam no sujeito redutos de indiferenciação, ilhas de fusão onde a alteridade é insuportável e cultivam-se fantasias que Joyce McDougall (1982) nomeou de "um corpo para dois", "um psiquismo para dois", "um sexo para dois", enraizadas naquela sexualidade arcaica e incestuosa que é a matriz primordial de todo erotismo.

No treino analítico, aprender a escutar as múltiplas lógicas de pensamento é também admitir que impulsos de discriminação podem coexistir com o desejo de invadir e ser invadido, que há atração e repulsa na confusão, e que essas tensões independem de dissidências sexuais e de gênero. São assuntos humanos; habitam, muitas vezes, os arranjos sexuais e de gênero mais convencionais.

Um analista que acompanha as formas diversas de buscar manter a estabilidade narcísica impressiona-se menos com a diversidade de formas de fruir do sexual humano e aproxima-se da afirmação bastante freudiana que faz Mc Dougall (1999) ao final da vida, quando ela diz que, ao fim e ao cabo, toda sexualidade é uma neossexualidade, invenção singular para subjetivar os movimentos pulsionais daquele corpo, naquele enquadramento social e naquela história de relações.

As vinhetas iniciais fazem notar que o mosaico identificatório compõe soluções para o sexual infantil que não são simplórias, guardam múltiplas correntes de inclinação insuspeitas. O arranjo dos outros pode gerar turbulência nos nossos, abalar nossa estabilidade defensiva e promover angústia, como a da mãe que se debatia com o hibridismo nem lá nem cá do filho trans.

A crítica a movimentos que afastam a Psicanálise do sexual não interessa no sentido da condenação de um ou outro autor em especial. Não há valor em tal debate se ele significar buscar um nome no qual circunscrever o problema. Faz sentido, isso sim, se pudermos entender que há movimentos, na Psicanálise, que, para privilegiar um campo e ampliar a compreensão de certos aspectos, deixam de lado outros que precisariam ser levados em conta. A função de escritos como este é de sensibilizar para o que ficou de lado e precisa ser resgatado, no sentido de uma reafirmação. Se for um problema circunscrito a um autor, seja ele Breuer, Jung, M. Klein, Fairbairn, A. Freud ou Winnicott, isso nos desimplicaria. A ideia, ao contrário, seria que pudéssemos nos remeter a nossa própria clínica buscando encontrar nela a presença viva do que tende a ser atenuado.

Cem anos depois de Freud, nosso desafio é sustentar um pensamento clínico que honre a complexidade dos fenômenos humanos, abarcando as contribuições sobre o traumático, o narcísico, o trabalho do objeto, sem, para isso, precisar renunciar ao fundamento pulsional. Sermos capazes de pensar os limites, o espaço psíquico continente, sem imaginá-los alheios ao sexual.

Referências

Azevedo, B. (2025). Afinal, como não ter inveja do pênis? In Seben e Degani (Org.), *Vozes contemporâneas: o femenino em cena*. Blucher.

Freud, S. (1897). Carta 69 a Fliess. In *Fragmentos de la correspondencia con Fliess* (1950 [1892-99]). In S. Freud, *Obras completas*. Amorrortu, 2001. 24v. v. 1.

Freud, S. (1912). Carta 324 F. In S. Freud, *A correspondência completa de Sigmund Freud e Carl G. Jung*. William McGuire (Org.). Imago, 1993.

Freud, S. (1914). Contribuición a la historia del movimiento psicoanalítico. In S. Freud, *Obras completas*. Amorrortu, 2003. 24v. v. 14.

Freud, S. (1918 [1914]). De la historia de una neurosis infantil (el "Hombre de los Lobos"). In S. Freud, *Obras completas*. Amorrortu, 2003. 24v. v. 17.

Freud, S. (1925). "Algumas consequências psíquicas da distinção anatômica entre os sexos". *Edição Standard Brasileira das Obras Psicológicas Completas de Sigmund Freud*, 2006 (Vol. 19). Imago.

Freud, S. (2001). Más allá del principio de prazer. (1920). In S. Freud, *Obras completas*. Amorrortu, 24v. v. 18.

Freud, S. (2001). Esquema del psicoanálisis. (1940 [1938]). In S. Freud, *Obras completas*. Amorrortu. 24v. v. 23.

Freud, S (2003). Tres ensayos de teoría sexual. (1905). In S. Freud, *Obras completas*. Amorrortu, 24v. v. 7.

Freud, S. (2023). Estudios sobre la histeria. (1895). In S. Freud, *Obras completas*. Amorrortu, 24v. v. 2.

Campos, H. (2011). *Galaxias*. Editora 34.

Green, A. (1990). *Conferências brasileiras de André Green: metapsicologia dos limites*. Imago.

Green, A. (1995). Sexualidade tem algo a ver com psicanálise? In *Livro anual de psicanálise*, tomo XI. Escuta, pp. 217-230.

Green, A. (1988). A mãe morta. In A. Green, *Narcisismo de vida, narcisismo de morte*. Escuta. (Trabalho original publicado em 1980)

Green, A. (2000). *As cadeias de Eros*. Climepsi.

Green, A. (2003). O desencadeamento do significante enigmático dessignificado no processo tradutivo-destradutivo autoteorizante. Sobre o interesse de ler bem Jean Laplanche. In *Psicanálise e Universidade, 19*.

Green, A. (2021). A sexualidade nas estruturas não-neuróticas: ontem e hoje; O que fazemos com o sexual? *Jornal de Psicanálise 100*.

Hinshelwood, R.D. (1992). *Dicionário do pensamento kleiniano*. Artes Médicas.

Jones, E. (1975). *Vida e obra de Sigmund Freud*. Zahar.

Jung, C. G. (1912). Carta 313 J. In S. Freud, *A correspondência completa de Sigmund Freud e Carl G. Jung*. William McGuire (Org.). Imago.

Klein, M. (1975). *A psicanálise de crianças*. Imago.

Laplanche, J. (1988). É preciso queimar Melanie Klein? In J. Laplanche, *Teoria da sedução generalizada e outros ensaios*. Artes Médicas.

Laplanche, J. (2003). O pré-genital freudiano: na armadilha. Sobre o livro de André Green: as cadeias de Eros. Atualidade do sexual. *Psicanálise e Universidade, 19*.

McDougall, J. (1982). *Teatros do corpo: o psicossoma em psicanálise*. Martins Fontes.

McDougall, J. (1999). In P. Ceccarelli, *Diferenças sexuais*. Escuta.

Mezan, R. (1985). *Freud, pensador da cultura*. Brasiliense.

Mezan, R. (2014). *O tronco e os ramos: estudos de história da psicanálise*. Companhia das Letras.

Pontalis, J-B. (1990). *A força de atração*. Zahar.

Urribarri. F. (2012). André Green: o pai na teoria e na clínica contemporânea. *Jornal de Psicanálise, 82*(45).

Violante. M. L. (2003). Quem (des)sexualiza a psicanálise. *Psicanálise e Universidade, 19*.

12. Por que ainda ler Freud?[1]

Estimulada a produzir um texto acerca das repercussões de um seminário teórico de Freud no espaço de formação analítica, eu me vi refletindo sobre o ato mesmo de ler Freud. Pareceria óbvio que, para o vir a ser psicanalista, a leitura de Freud fosse indispensável. No entanto, com um pouco de observação e inserção nas instituições formadoras de psicanalistas, percebe-se que esta é uma temática mais complexa e que merece desdobramentos. Não se trata apenas de ler ou não Freud – apesar de, em si, essa já ser uma questão pertinente. É que o espírito com que se entra nessa experiência modifica radicalmente o resultado.

Ainda vale a pena ler Freud?

Essa pergunta, dificilmente formulada de maneira explícita, será tomada como eixo de reflexão neste capítulo. Trata-se de uma questão aparentemente simples se empreendermos uma visada superficial, mas que pode se tornar complexa quando levada a sério.

---

1 Texto vencedor do *Prêmio João Bosco Calábria*, conferido durante o XXIV Congresso Brasileiro de Psicanálise, realizado em Campo Grande, MS, de 25 a 28 de setembro de 2013 e publicado na *Revista Brasileira de Psicanálise*, 4(47, pp. 89-97), 2013.

Em uma primeira abordagem do problema, a resposta afirmativa aparece como automática: sim, Freud é o pai da Psicanálise, e nós, psicanalistas, devemos lê-lo. A concordância a respeito de que os seminários de Freud devam fazer parte de uma formação analítica não implica, entretanto, um trânsito contínuo pela obra freudiana na atuação clínica de muitos de nós.

Seria possível dividirmos esquematicamente duas posturas diante dos movimentos históricos dentro da Psicanálise. Uma delas, que poderíamos nomear "histórico-genética", considera o desenvolvimento da Psicanálise na perspectiva dos avanços sucessivos ao longo do tempo. Desse ponto de vista, entende-se que há uma sofisticação da teoria que se dá de maneira linear, de forma que os autores mais recentes se prestam melhor a responder aos problemas clínicos atuais. Seguindo esse modo de ver, poderíamos pensar, por exemplo, em uma evolução das teorias de Melanie Klein em relação às de Freud, e um progresso ainda mais significativo das teorias de Bion em relação às de Klein.

A lógica que deriva dessa visão aponta para uma leitura de Freud que ganha um caráter de conhecimento histórico - pouco afinado às questões problemas contemporâneas - e o que se passa a buscar nas linhas do texto são, portanto, referências de um pensamento já superado, úteis para a compreensão das origens do que se tem hoje, mas não capazes de estimular inquietações ainda atuais. Tal como em uma faculdade de Psicologia, em que, nos primeiros semestres, os alunos acompanham matérias relativas à história da disciplina[2] para, depois, adentrar nas teorias ainda válidas para o trabalho atual, uma leitura histórica desse tipo torna o contato com o autor menos indispensável e, frequentemente, vem acompanhada de uma expectativa de que os grandes autores que fizeram escola depois de Freud já tenham

2 É possível estudar sobre a criação do primeiro laboratório de psicologia, sem necessariamente precisar dedicar-se à leitura de Wundt.

depurado o que há de relevante nele e ofereçam uma leitura mais atual e selecionada do que o pai da Psicanálise trouxe de contribuição.

A segunda postura identificada não segue um desenvolvimento histórico linear, mas considera que o pensamento psicanalítico se movimenta com avanços e recuos. Falando a partir desse ângulo, Laplanche afirma que o movimento do pensamento psicanalítico se dá "por repetição e ruptura, por banalização e reafirmação, por circularidade e aprofundamento" (1988, p. 52).

Se entendermos que cada processo ocorre não apenas respondendo às demandas de seu tempo, mas também reagindo ao movimento precedente, vindo a ser substituído por outro que possivelmente resgatará do primeiro valores a serem adotados de forma ressignificada, no *après-coup*, não consideraremos as novidades como respostas definitivas nem a origem como superada. Somente com a abertura provocada por uma visão desse tipo é possível compreender o enunciado de Laplanche, que indica que "os momentos inovadores são também retorno à fonte" (1988, p. 52).

Essa mesma divisão de estilos de leitura é observada também em relação à leitura dos escritos de Freud. Pode-se pensar que as formulações mais tardias, por terem surgido de um Freud mais experiente, devam receber mais crédito que aquelas decorrentes de suas primeiras aproximações com seu objeto de pesquisa. Como alternativa a essa visão, temos uma perspectiva para a qual avanços e recuos operavam no próprio Freud, e este, ao longo do tempo, recuperava temáticas tangenciadas nos primórdios de sua teoria. É possível ver no *Projeto* (Freud, 1950[1895]/2001), por exemplo, o esboço de ideias muito sofisticadas que vieram a ser formuladas mais tarde por Freud ou resgatadas por autores posteriores que lhes deram potência. Na esteira desses pensadores de um Freud não linear, encontramos Monzani (1989) que, em seu profundo conhecimento da obra freudiana, oferece ao leitor a imagem da "espiral" e do "pêndulo" para marcar o movimento conceitual presente nessa obra.

O "pêndulo" refere-se ao jogo de forças que polarizam a teoria freudiana e ilustra a oscilação que é possível encontrar em relação aos pesos atribuídos a certos fatores – pesos que variam ao longo da obra de Freud. O pensamento pendular é aquele que avança com oscilações, enfatizando ora um aspecto, ora seu contrário, muito embora acabe por finalmente integrar tais elementos. O exemplo melhor trabalhado pelo autor diz respeito ao conceito de sedução, que é, a princípio, afirmado como um acontecimento real; na sequência, temporariamente abandonado para o desenvolvimento de seu oposto – a ideia de algo fantasiado pela criança –; e, ao final, resgatado na concepção da mãe como primeira sedutora. Os aspectos constitutivos e ambientais oscilam conforme cada perspectiva.

Já a "espiral" nos oferece a imagem de um autor que não constrói seu pensamento linearmente, em uma continuidade ininterrupta, abandonando velhos conceitos e aproximando-se de uma teoria fechada. Trata-se de um movimento complexo, que recupera, de maneira ressignificada, em cada volta da espiral, temáticas e conceitos já antes considerados em sua obra. O movimento espiralado aponta para questões que são abordadas, esquecidas e, enfim, retomadas, agora em um nível distinto daquele em que foram tomadas originalmente.

Freud: um clássico

Não pretendo derivar, dessa aposta no retorno à fonte freudiana, a conclusão de que tudo o que é antigo vale a pena ser resgatado. A máxima de que os autores clássicos são aqueles que permanecem atuais dá a medida do lugar atribuído a Freud nesse artigo: um daqueles autores que têm muito a contribuir para as inquietações contemporâneas, não por estarem na origem de uma disciplina, mas porque se mostram prenhes de perguntas ainda pertinentes e oferecem ferramentas para a construção de novas respostas. O que torna Freud um clássico, portanto, e digno de leitura, a meu ver, não é o fato de ser ele o pai da Psicanálise, mas sim o de trazer em sua pena o ar fresco do constante rejuvenescimento, que resiste a uma apreensão totalizante e bem-acabada que sufoca. Seu texto sobrevive às condições históricas das quais deriva, influenciando a posteridade e permanecendo aberto e inacabado.

No livro *Por que ler os clássicos*, Italo Calvino se propõe a definir os clássicos e discutir a importância de sua leitura, chegando a uma definição que vai na mesma direção da que é apresentada aqui: "Os clássicos são livros que, quanto mais pensamos conhecer por ouvir dizer, quando são lidos de fato mais se revelam novos, inesperados, inéditos" (2007, p. 11).

Quando se trata de um clássico, não falamos, por conseguinte, de um convite ao estagnado, à imobilidade. A marca própria do que é clássico é justamente o oposto, é a juventude que resiste e a novidade que insiste em se fazer presente, permitindo uma apropriação singular a cada leitura.

Em uma apresentação de seu método de transmissão da obra de Freud, Cecilia Orsini (2012) destaca um conjunto de ferramentas úteis para acompanhar o leitor em seu mergulho na obra de Freud. A articulação entre tais ferramentas que acompanham o leitor e o necessário mergulho a ser feito pelo próprio leitor ficam sensivelmente expressos na imagem recuperada por ela de Marilena Chauí, acerca da relação entre o aluno, o professor e a obra. Chauí (2001) afirma que o professor, assim como em uma aula de natação, pode apenas acompanhar o aluno na água, mas não pode enfrentar por este o embate com ela. Tal embate terá de ser feito diretamente com a água.

No método proposto por Orsini (2012), o professor-leitor de Freud não se oferece para fornecer uma versão definitiva do autor. O professor-leitor, nesse caso, sabe que não pode substituir o mergulho próprio do aluno-leitor e apenas transmite elementos que contribuam para seu contato com a obra. Mesmo as ferramentas propostas para auxiliar o chamado "colega-leitor" em sua expedição pela obra de Freud – dicionários de Psicanálise, biografias de Freud, notas de James Strachey, comentadores e boas traduções – não substituem a própria experiência com o texto.

Uma leitura burocrática de Freud, que não passe pela experiência do corpo a corpo com o texto ou apenas realizada para cumprir um compromisso de erudição, corre o risco de perder a dimensão do que há de mais radical na Psicanálise: o poder do inconsciente e da sexualidade na vida psíquica.

Um sopro de ar fresco

Freud costuma ser, para mim, um fio condutor que oferece sopros de novidade ao que perde frescor com o tempo; que permite buscar brechas para construir saídas próprias. Atualmente minha principal inquietação clínica diz respeito à possibilidade de escutar o arcaico sem perder a dimensão da terceiridade. Em minha pesquisa de mestrado, estudei casos de histeria escutados no atendimento de pacientes diagnosticados – por neurologistas – com crises pseudoepilépticas. Nesse período, fui surpreendida pela constatação da falta de interesse teórico e clínico pela histeria em grande parte dos psicanalistas e pelo lugar atribuído a ela em certas instituições de Psicanálise, como na em que eu me via inserida.

Em um capítulo do livro *Crise pseudoepiléptica* (Azevedo, 2011), aproveitei do caso de uma paciente cuja história fazia lembrar a Cinderela para perguntar se seria a histeria a Gata Borralheira do século XXI. Ela, que fora a princesa da clínica freudiana, após a morte dos pais que a consagraram, teria sido relegada às cinzas da cozinha.

Hoje percebo que, junto às cinzas da cozinha, estariam também as temáticas edípicas, aquelas que denunciam a existência inequívoca do incestuoso na sexualidade infantil. Nesse movimento de desmerecimento das descobertas inauguradas com os *Três ensaios* (Freud, 1905/2003), a sexualidade perde lugar na compreensão dos processos de subjetivação.

Em 1995, André Green lança um texto cujo título provocador pergunta: "Sexualidade tem algo a ver com Psicanálise?". Essa genial questão reflete a impressão de um psicanalista experimentado a respeito do fato segundo o qual, mesmo na Psicanálise, a sexualidade teria perdido espaço; não seria mais tão reconhecida na clínica; estaria sendo substituída por explicações em termos de relação de objeto. Em sua avaliação, a frequência na clínica de pacientes *borderlines*, com patologias do narcisismo ou outras estruturas não neuróticas, poderia favorecer a ideia de que seus sintomas teriam pouca conexão com a sexualidade, precisando ser explicados por fatores independentes dela, como a falha na satisfação das necessidades de equilíbrio, tranquilidade emocional ou confiança interna. As relações estariam sendo entendidas como reprodução de uma relação primitiva mãe-bebê aparentemente assexuada e, inclusive, as fixações orais, muitas vezes evocadas, eram tomadas mais à luz de uma fonte sagrada do que como fonte de prazer.

Nos *Três ensaios*, que apresentam a recém-nascida teoria da sexualidade, Freud (1905/2003) já afirmava a prevalência, em sua época, do objeto encobrindo a pulsão em si. Era como se a pulsão ficasse justificada pelos atributos do objeto. Na Antiguidade, a ênfase recaía, ao contrário, sobre a própria pulsão, que era celebrada entre os antigos.

O que Green entende como questão na estrutura não neurótica não é a passagem da díade para a tríade, mas a transição de uma "terceiridade potencial (enquanto o terceiro está presente apenas na mente da mãe) à terceiridade efetiva, interiorizada e estruturante" (Urribarri, 2012a, p. 150). Com sua noção de *outro do objeto*, Green aponta para uma função terceirizante que não é exclusiva do pai, podendo ser ocupada por outra figura – por exemplo, alguém da infância da mãe. Com esse esquema triádico originário, a matriz triangular do psiquismo seria, então, a fantasia da cena primária que, juntamente com o complexo de castração, comporia o núcleo da estrutura do complexo de Édipo.

Há também no texto de Green (1995) uma crítica interessante sobre pensarmos nossos pacientes como bebês e equacionarmos o mais primitivo e profundo com o mais importante. A afirmação segundo a qual a relação mãe-bebê é frequentemente evocada de uma maneira assexuada é digna de ser considerada.

A leitura do primitivo como assexual e em oposição a um manejo que leve em conta a terceiridade tem implicações clínicas radicais. A sexualidade se faz presente, por exemplo, quando é possível reconhecer no arcaico a pulsionalidade que lhe é devida.[3]

Quando Freud afirma a sexualidade envolvida na relação arcaica com a mãe, ele nos aponta uma saída para situar o sexual e o arcaico em campos opostos. A vinculação com o materno, em Freud, não está, nem de longe, alheia ao sexual; ela, ao contrário, o desperta.

Afirma Freud em seu *Esboço de psicanálise*:

> *Este primeiro objeto se completa depois na pessoa da mãe, que não só nutre, mas também cuida, e desperta na criança várias outras sensações corporais, tanto prazerosas como desprazerosas. No cuidado do corpo, ela se torna a primeira sedutora da criança. (1940[1938]/2001, p. 188)*[4]

Tangenciamos, desse modo, três diferentes questões que busco aqui apenas pinçar, mas que merecem desenvolvimentos próprios. O desprestígio do interesse por Freud, da atenção às questões edípicas e do olhar para a histeria: três problemas separados, sem necessária relação entre si. Ou não. Talvez tais inquietações não estejam tão afastadas. Quem sabe, o interesse investigativo pela histeria e pelos sofrimentos psíquicos frutos do recalcamento e dos enredamentos nas tramas edípicas tenha tido o mesmo destino do interesse pela leitura de Freud.

---

3 Um exame minucioso da questão pode ser acompanhado no capítulo 11.

4 Tradução nossa.

Freud revitalizado

Em uma apresentação realizada em 2012, em São Paulo, Fernando Urribarri expôs as ideias de Green e incluiu-o em uma classe de psicanalistas que nomeou como "pós-lacanianos", aqueles que seguiram o retorno a Freud, proposto por Lacan, sem necessariamente passar por Lacan para a realização desse resgate.

Urribarri (2012b) apresenta uma forma de ler Freud encontrada nesse grupo de psicanalistas que vai ao encontro da que eu tento formular neste trabalho, aquela da qual sinto falta: não a dos primeiros discípulos, que aplicavam os aportes freudianos com pouca liberdade de modificação; nem a degradada, que encontramos entre as chamadas "escolas de Psicanálise", que se apropria da parte que interessa da obra freudiana e nega valor a todo o resto; a leitura em questão é a que entende Freud como um grande autor que, mesmo quando se equivoca, é muito interessante e pode ter seus impasses tomados como ponto de partida para investigação. Essa é a leitura que, segundo minha avaliação, tem a potência de revitalizar o que há de mais radical na Psicanálise e fazer trabalhar a teoria e a clínica lado a lado.

Também em 2012, Urribarri (2012c) publicou um artigo em que aborda as transformações ocorridas na clínica psicanalítica contemporânea. Nele, apresenta-se um recorte proposto por Green (1975) que destaca três movimentos históricos sucessivos na evolução da teoria e da clínica psicanalíticas, cada um deles correspondendo a um modelo teórico-clínico específico.

Os três movimentos – freudiano, pós-freudiano e contemporâneo – são desenvolvidos por Urribarri à luz do conceito de contratransferência, e a leitura histórica complexa e não linear pode ser acompanhada na discussão de cada etapa. O segundo momento, nomeado "pós-freudiano", é aquele marcado pelas escolas de Psicanálise que, partindo dos impasses ligados ao movimento freudiano e permitindo aberturas em direções pouco exploradas, operaram, na sequência, um fechamento reducionista que dificultava a circulação de ideias.

> *Ao constituir-se como dogma, o modelo pós-freudiano, em vez de dialogar ou se articular ao modelo freudiano, tende a excluí-lo e a substituí-lo. Assim, o objeto substitui a pulsão como polo de referência conceitual. O self substitui o Ego. A destrutividade predomina sobre o sexual. As ansiedades prevalecem sobre o desejo. As angústias precoces sobre a angústia de castração. O afeto sobre o representativo. O pré-verbal sobre a linguagem. O diádico sobre o triangular. O arcaico sobre o edípico. A neurose fica esmaecida após a referência à psicose. A figura da mãe obscurece a importância (estrutural) do pai. Uma perspectiva genética e evolutiva ignora o estrutural cancelando a dialética entre sincronia e diacronia. (Urribarri, 2012c, p. 54)*

O modelo contemporâneo me parece ainda um esforço diante da forte impregnação atual dos dogmas das diferentes escolas teóricas. Esse esforço propõe uma leitura renovada de Freud, atribuindo valor à metapsicologia e ao método freudiano como fundamentos para a Psicanálise. Não sugere, entretanto, um retorno ao primeiro modelo, negando as fundamentais contribuições que se deram desde então. Com relação aos aportes pós-freudianos, a tentativa seria de uma apropriação crítica e criativa em diálogo com autores contemporâneos de diversas correntes. Há na proposta desse terceiro modelo uma busca fundamental por superar os impasses ligados ao fechamento dogmático das ideias – fechamento que reduz o fazer psicanalítico. Muito embora não pretenda um retorno ao primeiro modelo, o lugar de Freud e sua metapsicologia fica ali revalorizado e constitui uma aposta na esperança de diálogo entre polos hoje colocados como opostos.

Os grandes autores que, depois de Freud, desenvolveram obras elaboradas a ponto de ganhar seguidores – Klein, Winnicott, Bion e Lacan – foram aqueles que se debruçaram de uma forma muito íntima e pessoal sobre a obra freudiana. Cada um deles construiu contribuições singulares justamente porque teve um encontro único com Freud, porque fez trabalhar a teoria a partir de suas próprias experiências e leituras singulares.[5] Considero ser essa a maior prova de que o texto freudiano é um texto mais de aberturas que de fechamentos, um texto que inspira uma postura clínica e que oferece ferramentas teóricas que podem levar a ampliações no campo da Psicanálise.

Por tantos motivos, alguns dos quais tentei examinar aqui, advogo por uma leitura implicada de Freud na formação psicanalítica. Certamente isso abrirá para uma movimentação mais rica na obra de outros autores que dele partiram. Se, parafraseando Green, fosse-me indagado se ainda teria Freud alguma coisa a ver com a Psicanálise, eu gostaria de poder responder que sim, que cultivamos na Psicanálise uma leitura vívida de Freud que o vê não como superado, mas como fonte de inquietações.

"Um clássico é um livro que nunca terminou de dizer aquilo que tinha para dizer", escreve Calvino (2007, p. 11). Freud certamente ainda tem muito a dizer.

Referências

Azevedo, B. H. (2011). *Crise pseudoepiléptica:* corpo, histeria e dor psíquica (Coleção Clínica Psicanalítica). Casa do Psicólogo.

Calvino, I. (2007). *Por que ler os clássicos* (N. Moulin, Trad.). Companhia das Letras.

Chauí, M. (2001). Ideologia e educação. *Jornal de Psicanálise*, *34* (62/63, pp. 99-110).

Freud, S. (2001). Más allá del principio de placer. In S Freud, *Obras completas* (J. L. Etcheverry, Trad., Vol. 18, pp. 1-62). Amorrortu. (Trabalho original publicado em 1920)

---

5 Em 2014, Renato Mezan publicou *O tronco e os ramos*, em que se dedica a demonstrar como da raiz freudiana derivaram ramos tão diversos. O livro, que merece ser lido na íntegra, não é mencionado por ter vindo a público um ano após a publicação do artigo que deu origem ao presente capítulo.

Freud, S. (2001). Esquema del psicoanálisis. In S. Freud, *Obras completas* (J. L. Etcheverry, Trad., Vol. 23, pp. 133-209). Amorrortu. (Trabalho original publicado em 1940[1938])

Freud, S. (2001). Proyecto de psicología. In S. Freud, *Obras completas* (J. L. Etcheverry, Trad., Vol. 1, pp. 323-446). Amorrortu. (Trabalho original publicado em 1950[1895]).

Freud, S. (2003). Tres ensayos de teoría sexual. In S. Freud, *Obras completas* (J. L. Etcheverry, Trad., Vol. 7, pp. 109-224). Amorrortu. (Trabalho original publicado em 1905).

Green, A. (1975). The analyst, symbolization and absence in the analytic setting (on changes in analytic practice and analytic experience). *International Journal of Psychoanalysis*, *56* (pp. 1-22).

Green, A. (1995). Sexualidade tem algo a ver com psicanálise? *Livro Anual de Psicanálise*, *11* (pp. 217-229).

Hinshelwood, R. D. (1992). *Dicionário do pensamento kleiniano* (J. O. A. Abreu, Trad.). Artes Médicas.

Klein, M. (1997). *A psicanálise de crianças* (L. P. Chaves, Trad.). Imago.

Laplanche, J. (1988). É preciso queimar Melanie Klein? In J. Laplanche, *Teoria da sedução generalizada e outros ensaios* (D. Vasconcellos, Trad., pp. 50-59). Artes Médicas.

Monzani, L. R. (1989). *Freud: o movimento de um pensamento*. Universidade Estadual de Campinas - Unicamp.

Orsini, C. (2012). Leitura de Freud: um estilo de transmissão. *Jornal de Psicanálise*, *45* (83, pp. 129-144).

Urribarri, F. (2012a). André Green: o pai na teoria e na clínica contemporânea. *Jornal de Psicanálise*, *45* (82 pp. 143-159).

Urribarri, F. (2012b). *Homenagem a André Green na Sociedade Brasileira de Psicanálise de São Paulo*. Texto não publicado.

Urribarri, F. (2012c). O pensamento clínico contemporâneo: uma visão histórica das mudanças no trabalho do analista. *Revista Brasileira de Psicanálise*, *46* (3, pp. 47-64).